FOLIO JUN
Les univer

D1137455

Dans la même collection

L'Iliade
L'Odyssée
Héros de la mythologie grecque
Dieux et héros des Romains
Dieux de la mythologie grecque
Ancien Testament I
Tristan et Iseut
Récits, légendes et traditions du Coran
La malédiction des Nibelungen

Collection dirigée par Claude Gutman

Présentation générale

Qu'ils soient nommés « fondateurs », « fondamentaux », « essentiels »..., certains livres ont eu une telle importance dans l'histoire des civilisations, à différents moments de leur existence, qu'il semble indispensable d'en proposer la lecture, permettant ainsi au lecteur de posséder les outils nécessaires pour déchiffrer le monde qui l'entoure. Si un « cheval de Troie » attaque son ordinateur, c'est que l'*Iliade* et l'*Odyssée* continuent toujours à nous solliciter.

Offrir ces textes universels, c'est mesurer le chemin parcouru depuis leur naissance, en revenant aux sources, pour montrer ce qu'ils étaient précisément, dépouillés de toutes les déformations subies par les siècles. C'est cesser de confondre les œuvres elles-mêmes avec les commentaires, histoires, légendes qui les accompagnent.

Nous retournerons donc aux textes, à leur authenticité chaque fois que nous le pourrons, sans nous interdire, s'il le faut, d'autres formes d'approches plus aptes à présenter ces textes universels à un vaste public. Nous nous fonderons, autant que faire se peut, sur les textes originaux (en hébreu, grec, latin, chinois...) dans des traductions nouvelles écrites dans un français contemporain et compréhensible. Ni savant, ni démagogique, dans le respect du lecteur et des œuvres, Folio Junior Les universels forme l'entreprise d'offrir à la lecture contemporaine des ouvrages parfois vieux de plusieurs milliers d'années et qui sont le socle de notre culture qu'on ne saurait limiter au monde occidental. Il est des « essentiels » comme la Bible ou le Coran... Il en est d'autres d'Asie, d'Amérique du Nord ou du Sud, des pays nordiques, d'Afrique... qui méritent tout autant d'attention. Nous ne nous interdisons aucune piste pour offrir aux lecteurs ces assises culturelles sans lesquelles nous ne serions pas qui nous sommes.

Notre volonté sera marquée par la simplicité, la lisibilité. Nous voulons donner envie de lire.

À celui qui voudrait approfondir ses savoirs, un cahier illustré — qui ne prétend à aucune exhaustivité — donnera quelques clés nécessaires pour décrypter les œuvres d'art qui l'entourent et qui sont nées de ces textes. Qu'en est-il de la peinture, de la littérature, de la sculpture, de la musique, du cinéma, de la publicité... issus de ces ouvrages qu'on croit arides, à tort ? Rien de rebutant, rien de pédant : juste quelques pistes pour aller plus loin. Si nous y parvenons, ce sera un pas fait vers les autres, leurs cultures, par le biais des textes. Se réapproprier son héritage culturel et s'ouvrir à celui des autres : un objectif à la fois modeste et ambitieux. C'est le pari de Folio Junior Les universels.

Claude Gutman

Gargantua
suivi de
Pantagruel

François Rabelais

Traduit du français du XVIᵉ siècle
et adapté
par Marie-Thérèse Adam

D'après l'édition de 1542

GALLIMARD JEUNESSE

Préface

Humanisme et Renaissance

En un peu plus d'un siècle, du XVe siècle aux années 1550, en Italie d'abord puis dans toute l'Europe, s'est dessinée une rupture qu'on appellera par la suite la Renaissance. Les intellectuels et les artistes, ceux que l'on nomme les humanistes, ont ressenti intensément le fait que leur époque s'oppose fondamentalement à celle qui l'avait précédée et qu'avec beaucoup de mépris ils qualifient de « gothique », c'est-à-dire dans leur esprit, obscurantiste, barbare. Ils veulent faire renaître l'Antiquité gréco-latine, sa philosophie, sa littérature, son art, son architecture. Ils veulent donner une nouvelle place à l'homme : au centre de la civilisation. Ils veulent réformer l'éducation.

L'invention de l'imprimerie, à Mayence en 1455, par Gutenberg, permet de répandre les idées nouvelles. Le livre devient accessible à tous ceux qui savent lire et ne reste plus au secret dans les abbayes. Grâce à l'imprimerie, les traductions de livres anciens, de la Bible, les textes religieux et politiques sont connus dans toute l'Europe. Les humanistes ne restent pas isolés ; ils lisent et ils communiquent entre eux dans la langue de leurs études : le latin.

Au XVe siècle et au début du XVIe siècle apparaissent toutes sortes d'inventions et de procédés nouveaux, dans tous les domaines : imprimerie, techniques militaires, construction des navires ou des bâtiments... La science progresse : anatomie humaine, astronomie... En 1543, l'astronome polonais Nicolas Copernic présente, en l'appuyant sur des calculs mathématiques, l'hypothèse que la Terre n'est pas le centre du système solaire mais n'est qu'une simple planète parmi les autres qui tournent autour du Soleil. C'est une révolution dans les mentalités des intellectuels.

Au XVe siècle, les Européens, jusque-là limités aux rivages de la Méditerranée, se lancent à la conquête des océans : ils abordent d'autres mondes, aidés par les progrès techniques et poussés par la recherche des épices et surtout de l'or nécessaire au développement du commerce. En 1492, Christophe Colomb découvre l'Amérique et, entre 1519 et 1521, Magellan fait le tour du monde. Les Européens découvrent « un nouveau monde », ce qui change totalement leur perception de l'Univers.

Tous les souverains européens, et en premier lieu le roi de France François Ier et sa sœur Marguerite, invitent les grands artistes italiens qui apportent leur conception moderne de l'art et forment des disciples. Ils représentent désormais l'homme et reprennent l'idéal antique de la beauté. Les architectes vont étudier les constructions en Italie, importent de nouvelles techniques et recherchent le raffinement, reléguant cathédrales gothiques et châteaux forts au rang de constructions désuètes.

La religion n'échappe pas à ce grand bouleversement des idées. Les humanistes rejettent les excès de l'Église, les superstitions, et préfèrent à une religion formelle la lecture de la Bible, jusqu'alors réservée aux membres du clergé. Pour ce faire, on traduit les textes sacrés en langue vulgaire (l'humaniste Lefèvre d'Étaples en français et Luther en allemand). C'est le mouvement « évangélique », auquel appartient Rabelais. Certains, comme Luther et Calvin, iront plus loin et quitteront l'Église catholique. C'est le mouvement de la Réforme.

Rabelais

C'est dans ce cadre qu'écrit Rabelais. Il est lui-même un humaniste, en contact avec les plus grands (lire sa biographie page 245). Quand il écrit ses deux premiers livres, *Pantagruel* en 1532 et *Gargantua* en 1534, il est connu comme médecin et comme érudit. Dans ses livres, il défend les idées humanistes. En restant chrétien, il s'intéresse à l'homme et à sa nature qu'il considère avec optimisme. Il montre ce que doit être un bon roi, il dénonce l'absurdité des guerres, les défauts de la religion, il présente les méfaits de l'éducation traditionnelle et les bienfaits d'une éducation humaniste. Il est une force de progrès.

Il ne faudrait pas croire que les idées nouvelles étaient acceptées par tous : l'Église, les universités, dont les enseignants sont des religieux, s'opposaient violemment aux idées humanistes, qui leur semblaient détruire les fondements de la religion et leur pouvoir. Les novateurs couraient le risque d'être qualifiés d'hérétiques et de finir leur vie sur un bûcher, comme Étienne Dolet, imprimeur et libraire humaniste, ami de Rabelais. Rabelais courut le même risque et, malgré des protecteurs puissants, dut s'exiler et se faire oublier, la Sorbonne, organe de censure de l'Église catholique en France, ayant interdit ses livres. Il paraissait d'autant plus dangereux qu'il savait manier une arme terrible, la langue française, avec laquelle il ridiculisait ses adversaires. Son choix fut en effet d'utiliser le rire, un rire guérisseur comme il l'écrit dans le prologue de *Gargantua*, pour diffuser ses critiques et ses idées.

Gargantua et *Pantagruel*

Rabelais écrivit tout d'abord *Pantagruel,* parodie de ces romans de chevalerie qui avaient encore la faveur des lecteurs au XVIe siècle. Il emprunte à des contes bretons le nom de son personnage : c'était un petit diablotin facétieux, chargé d'assécher la bouche des ivrognes pour les amener à boire plus encore. Pantagruel gardera ce lien avec la soif et la boisson mais, par plaisanterie, Rabelais en fera un géant. De plus, ce roman est influencé par les genres traditionnels : le conte et la farce. Il est présenté comme dans la lignée d'un roman récent : *Les Grandes et Inestimables Chroniques du grand et énorme géant Gargantua*, sans grande valeur littéraire mais qui avait connu un grand succès. Rabelais présente son héros comme le fils de ce géant, reprend les recettes qui plaisent et font rire mais en profite pour faire une satire féroce du monde judiciaire et pour présenter des idées humanistes sur la religion, l'éducation et le gouvernement.

Fort du succès de ce premier livre, Rabelais, apparemment sur le même moule, écrit et publie deux ans plus tard la vie du père de Pantagruel : le géant Gargantua. Mais le livre est mieux construit et les idées humanistes plus approfondies. Le roman se termine sur une utopie : l'abbaye idéale de Thélème et sur un appel à résister à la persécution religieuse. Il explique parfaitement son projet dans le prologue de *Gargantua*.

Il construit ses deux romans en suivant le plan des romans de chevalerie : une généalogie du héros, mettant en avant sa lignée exceptionnelle, sa naissance et son enfance, son éducation puis ses prouesses. Suivant les besoins du récit et du comique, ses héros deviennent plus ou moins gigantesques, à l'extrême capables de couvrir une armée de leur langue et de contenir un autre monde. Parfois, Rabelais oublie leur gigantisme et en fait des humanistes « ordinaires », avec tout au long de ces deux romans le même double objectif : faire rire, car le rire est réparateur, et faire réfléchir.

GARGANTUA

**La vie très horrifique
du Grand Gargantua
Père de Pantagruel**

**Jadis composée par Maître Alcofribas[1]
Extracteur de quintessence[2]**

Livre plein de pantagruélisme

1→ Alcofribas ou plus précisément Alcofribas Nasier est le pseudonyme sous
lequel Rabelais avait publié *Pantagruel* dix-huit mois auparavant. En
intervertissant les lettres, on s'aperçoit que ce nom est l'anagramme de
François Rabelais. Il a choisi le mot Alcofribas pour sa consonance arabe avec
la première syllabe Al. C'est que l'arabe était à la fin du Moyen Âge la langue
de la science : les mathématiques, la médecine, l'alchimie (encore un mot
arabe), une science un peu mystérieuse, ancêtre de notre chimie moderne.
2→ *Quintessence* appartient au langage de l'alchimie. La quintessence est le
résultat d'une série d'opérations alchimiques : cinq cuissons ou distillations.
Après la cinquième (« la quinte » dans la langue de Rabelais), l'alchimiste peut
enfin extraire la quintessence, c'est-à-dire la qualité la plus pure, la plus
concentrée d'une substance. Rabelais suggère ainsi que, dans son livre, on va
trouver un savoir inestimable — idée qu'il reprend dans le prologue.

Aux lecteurs

Amis lecteurs qui lisez ce livre,
Dépouillez-vous de toute passion ;
Et ne soyez pas choqués en le lisant :
Il ne contient ni mal ni corruption.
Il est vrai que vous y trouverez peu de perfection
Sauf en matière de rire.
Mon cœur ne peut choisir d'autre sujet
Quand je vois la souffrance qui vous mine et ronge[1] :
Mieux vaut traiter du rire que des larmes,
Parce que le rire est le propre de l'homme.

1→ Maître Alcofribas, médecin, écrit pour soulager ses malades par le rire.

Prologue de l'auteur

Buveurs très illustres et vous, vérolés[1] très précieux (car c'est à vous et non à d'autres que sont destinés mes écrits), selon le dialogue de Platon intitulé *Le Banquet*, Alcibiade, louant son précepteur Socrate[2], sans conteste prince des philosophes, le déclare, parmi d'autres propos, semblable aux Silènes.

Les Silènes étaient jadis de petites boîtes, comme on en voit maintenant dans les boutiques des apothicaires[3], sur lesquelles étaient peintes des figures joyeuses et frivoles : harpies, satyres, oisons bridés, lièvres cornus, canes bâtées[4], boucs volants, cerfs attelés et d'autres figures semblables, imaginées à plaisir pour inciter les gens à rire. (Tel était Silène, maître du bon Bacchus[5].) Mais dans ces boîtes, on gardait des drogues[6] recherchées comme le baume,

---

[1] La vérole (ou syphilis) est une maladie vénérienne. On considère généralement que la forme connue actuellement a été introduite en Europe, en 1494, par les marins de Christophe Colomb, après la découverte de l'Amérique.

[2] Socrate et son disciple Platon sont des philosophes grecs du IVe siècle avant notre ère, très admirés par les humanistes du XVIe siècle, parmi lesquels Rabelais.

[3] Les apothicaires sont les ancêtres de nos pharmaciens.

[4] Les trois dernières expressions évoquent des sots. Cane bâtée fait penser à « âne bâté », qui s'emploie encore pour parler d'un imbécile, et l'on dit toujours « bête comme une oie ».

[5] Silène est un satyre, un peu ridicule et toujours entre deux vins mais plein de sagesse. Il fut le maître de Dionysos, le dieu grec du Vin (Bacchus en latin), qu'il accompagne souvent. (Lire le mythe de Dionysos dans *Les Dieux de la mythologie grecque*, Folio Junior Les universels.)

[6] *Drogues* est à prendre au sens de « médicaments ».

l'ambre gris, l'amome, le musc, la civette, les pierreries et autres choses précieuses.

C'est ainsi qu'était Socrate, disait Alcibiade. En le voyant de l'extérieur et le jugeant à son apparence, vous n'en auriez pas donné une pelure d'oignon, tant son corps était laid et son maintien ridicule : le nez pointu, le regard d'un taureau, le visage d'un fou, les mœurs simples, les vêtements grossiers ; il était pauvre, malheureux en amour, inapte à toutes les fonctions publiques, toujours riant, toujours prêt à trinquer avec chacun, toujours se moquant, toujours dissimulant son divin savoir. Mais en ouvrant cette boîte, vous y auriez trouvé une céleste et inappréciable drogue : intelligence plus qu'humaine, vertu prodigieuse, courage invincible, sobriété sans égale, sérénité certaine, assurance parfaite, mépris incroyable de tout ce qui fait veiller, courir, travailler, naviguer et batailler les humains.

À votre avis, quel est le but de ce prélude, ce coup d'essai ? C'est que, mes bons disciples et autres fous désœuvrés, en lisant les titres de certains livres de notre invention, comme *Gargantua, Pantagruel, Fessepinte, La Dignité des braguettes, Des pois au lard avec commentaire*[1], vous jugez trop facilement qu'on n'y traite que de moqueries, frivolités et joyeux mensonges puisque l'enseigne (c'est-à-dire le titre) offre en général, si l'on ne cherche pas plus loin, matière à dérision et plaisanterie. Mais il ne faut pas juger

---

[1] *Pantagruel* avait été publié dix-huit mois auparavant. Exepté *Pantagruel* et *Gargantua,* les autres titres sont des inventions comiques.

les œuvres des hommes avec une telle légèreté ! Vous dites vous-même que l'habit ne fait pas le moine. […]

C'est pourquoi il faut ouvrir le livre et peser soigneusement ce qui y est exposé. Alors vous saurez que la drogue qu'il contient vaut bien plus que ne promettait la boîte. C'est-à-dire que les sujets traités ici ne sont pas aussi frivoles que le titre le laissait croire.

Et si, vous en tenant au sens premier, vous trouvez matière assez joyeuse en accord avec le titre, ne vous en tenez pas là, comme devant le chant des Sirènes, mais interprétez plus avant ce qui, selon vous, était dit de gaieté de cœur.

Vous n'avez-jamais débouché de bouteille ? Nom d'un chien ! Rappelez-vous l'attitude que vous aviez. Et vous n'avez jamais vu un chien rencontrer un os à moelle ? C'est, comme dit Platon au livre II de la *République*, la bête du monde la plus philosophe. Si vous l'avez vu, vous avez pu noter avec quelle dévotion il le guette, avec quel soin il le garde, avec quelle ferveur il le tient, avec quelles précautions il l'entame, avec quelle passion il le brise et avec quel zèle il le suce. Qu'est-ce qui le pousse ? Qu'espère-t-il ? À quel bien prétend-il ? Rien de plus qu'un peu de moelle. Il est vrai que ce peu est plus délicieux que beaucoup d'autres nourritures car la moelle est un aliment élaboré à la perfection par la nature, comme dit Galien[1] (livre III des *Facultés naturelles* et livre XI des *Usages du corps*).

---

[1] Galien est un médecin grec du Ier siècle. Son influence fut considérable jusqu'au XVIIe siècle.

À l'exemple de ce chien, il vous faut être sages pour flairer, sentir et apprécier ces beaux livres fort gras, être légers à l'approche et hardis à l'attaque puis par une lecture attentive et de fréquentes réflexions, rompre l'os et sucer la substantifique moelle ; je veux dire par ces allégories à la manière de Pythagore[1], avec le ferme espoir de devenir plus avisés et vertueux à cette lecture : vous y trouverez un tout autre goût et une philosophie plus secrète, qui vous révèlera de profondes connaissances et des mystères horrifiques, tant en ce qui concerne notre religion que la situation politique et la vie économique.

1→ Une allégorie est une image qui représente une idée abstraite. Pythagore est un philosophe et un mathématicien grec du VIe siècle avant notre ère.

Chapitre 1

La généalogie et les ancêtres de Gargantua

Rabelais commence par exposer la généalogie de Gargantua qui s'inspire de celle de Pantagruel. (Rappelons qu'il a écrit *Pantagruel* avant *Gargantua*.)

Chapitre 2

Les fanfreluches antidotées, trouvées sur un monument antique

Sous ce titre étrange qu'aucune traduction n'éclaire vraiment, l'auteur présente une énigme, sous forme d'un long poème, sans suite apparente. Le mot à deviner n'a pas été découvert. Rabelais a-t-il rendu volontairement son texte inintelligible ? Était-ce une plaisanterie ? On a pu y voir des allusions à la vie politique de l'époque, en particulier à la politique de l'empereur Charles Quint. Ce genre d'énigmes était très populaire au XVIe siècle.

Chapitre 3

Comment Gargantua fut porté onze mois dans le ventre de sa mère

Grandgousier fut en son temps un joyeux luron. Il aimait à boire sec autant que tout homme au monde et mangeait volontiers salé. À cette fin, il avait ordinairement une bonne réserve de jambons de Mayence et de Bayonne, force langues de bœuf fumées, abondance d'andouilles, en saison, et de bœuf salé à la moutarde, grand renfort de boutargues[1] et provision de saucisses. […]

À l'âge d'homme, il épousa Gargamelle, fille du roi des Papillons, belle fille et de bonne trogne. Ils faisaient si souvent ensemble la bête à deux dos et se frottaient si joyeusement le lard qu'elle devint grosse d'un beau fils et le porta jusqu'au onzième mois.

Car les femmes peuvent porter dans leur ventre aussi longtemps et même davantage un enfant qui deviendra un personnage exceptionnel ou capable en son temps d'accomplir de grandes prouesses. […]

Rabelais présente ensuite des grossesses exceptionnellement longues, choisies dans la mythologie et dans l'Histoire.

1→ Il s'agit d'œufs de poissons salés.

Chapitre 4

Comment Gargamelle, enceinte de Gargantua, mangea profusion de tripes

Chapitre 5

Les propos des bien ivres

Ces chapitres évoquent un festin de tripes, festin suivi d'un bal dans la campagne, auxquels participèrent sans retenue Grandgousier et Gargamelle.

Après ce récit, l'auteur énumère les propos des buveurs, tels qu'il pouvait les entendre dans les banquets et les cabarets.

Chapitre 6

Comment Gargantua naquit de façon bien étrange

Tandis qu'ils tenaient ces menus propos de beuverie, Gargamelle commença à sentir des douleurs au bas-ventre. Alors, Grandgousier se leva et la réconforta poliment, persuadé qu'il s'agissait des douleurs de l'enfantement. Il lui dit qu'elle s'était étendue dans l'herbe, sous les saules et qu'en somme elle ferait «pieds neufs[1]»; c'est pourquoi il lui fallait prendre courage pour mettre au monde son poupon. Certes la douleur la fâchait quelque peu, toutefois elle serait brève et la joie qui lui succéderait aussitôt lui enlèverait toutes ces souffrances, si bien qu'il ne lui en resterait même pas le souvenir.

– Courage de brebis! disait-il. Expulsez-moi cet enfant et faisons-en bientôt un autre.

– Ah! dit-elle, vous en parlez bien à votre aise, vous autres hommes! Eh bien, par Dieu, je ferai un effort puisqu'il vous plaît. Mais plût à Dieu que vous l'eussiez coupé!

– Quoi? dit Grandgousier;

– Ah! dit-elle ne faites pas l'enfant! Vous comprenez bien.

– Mon membre? Sang de chèvres! Si bon vous semble, faites apporter un couteau!

---

1 Il y a ici un jeu de mots: on mettait au pré les chevaux non ferrés, pour que leurs sabots usés puissent repousser. On disait alors qu'ils faisaient pieds neufs. Mais ici il s'agit de faire sortir de nouveaux petits pieds: ceux du bébé à naître.

– Ah! dit-elle, à Dieu ne plaise! Dieu me pardonne! Je ne le disais pas pour de vrai et ne vous occupez pas de mes propos. Mais j'aurai beaucoup à faire aujourd'hui, si Dieu ne m'aide, et tout cela à cause de votre membre et pour votre bon plaisir.

– Courage, courage! dit-il. Ne vous souciez pas du reste et laissez faire les quatre bœufs de devant[1]. Je m'en vais boire encore un coup. Je serai à côté; s'il vous arrivait quelque mal, criez, j'arriverai.

Peu de temps après, elle commença à soupirer, se lamenter, crier. Aussitôt, de tous côtés, vinrent un tas de sages-femmes; en la tâtant par le bas, elles trouvèrent quelques peaux, d'un goût assez désagréable. Elles pensaient que c'était l'enfant; mais c'était le fondement qui lui échappait par le relâchement du gros intestin (que vous appelez le boyau culier) pour avoir trop mangé de tripes, comme nous l'avons dit plus haut.

Alors une répugnante vieille de la compagnie, venue de Brizepaille près de Saint Genou et réputée pour ses talents de guérisseuse, lui administra un astringent[2] si horrible que tous ses sphincters en furent si bouchés et resserrés qu'à grand peine vous les auriez élargis avec les dents. [...]

Par suite de cet inconvénient, les cotylédons de la matrice se relâchèrent et l'enfant sauta par-dessus et entra dans la veine cave. Il monta à travers le diaphragme, jusqu'au

---

1→ Encore une comparaison agricole : laissez tirer les animaux attelés en tête. Cela signifie que le plus dur est fait, l'effort pour elle sera moindre.
2→ Un astringent est un remède qui resserre les tissus relâchés.

dessus des épaules où cette veine se partage en deux, prit son chemin à gauche et sortit par l'oreille.

Aussitôt né, il ne cria pas comme les autres enfants : « Mi ! Mi ! » Mais il s'écria à haute voix : « À boire ! À boire ! À boire ! », comme pour inviter tout le monde à boire si bien qu'on l'entendit dans tout le pays de Beusse et du Bibarais[1].

Je me doute que vous ne croyez sûrement pas à cette étrange naissance. Si vous n'y croyez pas, peu m'importe. Mais un homme de bien, un homme de bon sens, croit toujours ce qu'on lui dit et ce qu'il trouve dans les écrits. Est-ce contraire à notre loi, à notre foi, à notre raison, aux saintes Écritures ? Pour ma part, je ne trouve rien dans la sainte Bible qui s'y oppose. Diriez-vous que, si Dieu l'avait voulu, il n'aurait pu le faire ? Ah ! De grâce ! N'emberlificotez pas vos esprits de ces vaines pensées car, je vous le dis, à Dieu rien n'est impossible ; et, s'il le voulait, les femmes auraient dorénavant les enfants par l'oreille.

Bacchus ne fut-il pas engendré de la cuisse de Jupiter ? Rocquetaillade ne naquit-il pas du talon de sa mère ? Croquemouche de la pantoufle de sa nourrice ? Minerve ne naquit-elle pas, par l'oreille, du cerveau de Jupiter ? Adonis par l'écorce d'un arbre à myrrhe ? Castor et Pollux de la coquille d'un œuf pondu et couvé par Léda[2] ?

1→ Jeux de mots pour Beuxe (un lieu-dit proche de la maison de Rabelais) et la province du Vivarais pour les faire ressembler à des formes du verbe « boire ».
2→ Lire le récit de la naissance de Bacchus, Minerve, Adonis, Castor et Pollux dans *Les Dieux de la mythologie grecque* (Folio Junior Les universels). Croquemouche et Rocquetaillade sont sans doute des héros populaires du Moyen Âge, dont l'histoire ne nous est pas connue.

La fantaisie médicale

Elle est un des ressorts du comique rabelaisien. Rabelais était médecin, il connaissait bien l'anatomie, ayant étudié, outre la médecine traditionnelle, les textes grecs d'Hippocrate et de Galien, ainsi que les écrits des médecins arabes. Il a aussi été l'un des premiers en France à pratiquer des dissections. (C'était une pratique rare et hardie, longtemps interdite puis limitée par l'Église.) Il prend plaisir à truffer ses romans de termes médicaux très précis. Pour lui, c'est une façon de jouer avec les mots. Dans le chapitre 6, si les termes sont exacts, le phénomène qu'ils recouvrent est totalement impossible ; mais il s'agit là, sous couvert de réalisme et avec la caution des plus grands scientifiques de l'Antiquité, d'introduire son personnage parmi les plus célèbres héros mythologiques, à la naissance hors du commun.

Mais vous seriez bien davantage ébahis et étonnés si je vous exposais à présent tout le chapitre de Pline[1] où il parle des enfantements étranges et contre nature. Toutefois je ne suis pas un aussi fieffé menteur que lui. Lisez le septième livre de son *Histoire naturelle*, chapitre trois, et ne me tourmentez plus l'esprit.

---

[1] Naturaliste romain du Ier siècle de notre ère. Il est surtout connu pour son *Histoire naturelle*, vaste encyclopédie des connaissances de son temps.

Chapitre 7

**Comment
on donna son nom
à Gargantua,
et comment
il buvait le vin**

Pendant qu'il buvait et s'amusait avec les autres, le bonhomme Grandgousier entendit l'horrible cri que son fils avait poussé en voyant la lumière de ce monde, quand il braillait en demandant: «À boire! À boire! À boire!»

Alors il dit: «Que grand tu as!» (Sous-entendu le gosier.) Ses compagnons, qui l'entendirent, dirent que vraiment, pour suivre l'exemple des anciens Hébreux, on devait l'appeler Gargantua, puisque telle avait été la première parole de son père à sa naissance. Grandgousier y consentit et cela plut tout à fait à la mère. Et, pour apaiser l'enfant, on lui donna à boire à tire-larigot puis il fut porté sur les fonts et baptisé comme c'est la coutume des bons chrétiens.

Et on réquisitionna dix-sept mille neuf cent treize vaches de Pautille et de Bréhémont[1] pour son allaitement ordinaire. Car trouver une nourrice suffisante n'était pas possible dans tout le pays, étant donné la grande quantité de lait nécessaire à son alimentation, bien que certains docteurs scotistes[2] aient affirmé que sa mère l'allaita et qu'elle pouvait traire de ses mamelles quatorze cent deux pipes[3]

---

1. Deux villages proches de la maison d'enfance de Rabelais. C'est dans sa région natale que l'auteur situe l'enfance de Gargantua.
2. Les scotistes sont des disciples d'un philosophe du XIIIᵉ siècle, Duns Scot, connu pour la grande subtilité de sa philosophie. Rabelais le nomme parfois Maître Jehan d'Écosse (voir chap. 13, p 37).
3. Une pipe est un gros tonneau de 27 hl : chaque tétée produirait donc 37 854 hectolitres.

et neuf potées de lait à chaque fois. Mais ce n'est pas vrai-semblable et la proposition a été déclarée mammellement scandaleuse, offensante pour des oreilles pieuses et sentant de loin l'hérésie.

Il passa en cet état jusqu'à un an et dix mois. À cette époque, sur le conseil de médecins, on commença à le porter et, inventée par Jehan Denyau, une belle charrette tirée par des bœufs, dans laquelle on le promenait joyeusement de-ci de-là, fut construite ; et il faisait bon le voir car il avait bonne trogne et presque dix-huit mentons. Il ne criait que bien peu mais se conchiait toutes les heures car il était merveilleusement flegmatique[1] des fesses, autant par nature que par un accident qui lui était arrivé pour avoir trop bu de purée septembrale[2]. Mais il n'en buvait jamais une goutte sans raison car, s'il arrivait qu'il fût dépité, courroucé, fâché ou chagrin, s'il trépignait, s'il pleurait, s'il criait, on lui apportait à boire et on le rasséré-nait et aussitôt il demeurait tranquille et joyeux.

Une de ses gouvernantes m'a juré ses grands dieux qu'il était si coutumier du fait qu'au seul son des pichets et des flacons, il entrait en extase, comme s'il goûtait les joies du paradis. Alors, voyant cette constitution divine, le matin, pour le réjouir, elle faisait tinter devant lui des verres avec un couteau, des flacons avec leur bouchon ou des pichets avec leur couvercle. À ce son, il s'égayait, tressaillait et se berçait lui-même, en dodelinant de la tête, agitant les doigts ou barytonnant du cul.

1➔ Voir l'encadré sur la médecine, à la fin du chapitre.
2➔ De raisin écrasé en septembre, c'est-à-dire de vin.

La conception de la médecine à l'époque de Rabelais : la théorie des humeurs

La théorie des humeurs fut élaborée par des médecins grecs de l'Antiquité, que Rabelais connaissait bien et admirait beaucoup : d'abord Hippocrate de Cos (environ 460 à 370 avant notre ère) puis Galien (129-201 ap. J.-C.). Elle fut l'une des bases de la médecine antique et de la médecine européenne, jusqu'à la fin du XVIIIe siècle. Elle considère que la santé du corps est liée à celle de l'âme et qu'elle résulte de l'équilibre entre quatre humeurs que contient le corps humain : le sang, le phlegme (ou lymphe), la bile jaune et la bile noire. Ces quatre humeurs correspondent aux quatre éléments : le feu, l'air, la terre et l'eau et se voient attribuer une qualité propre : le chaud, le froid, le sec et l'humide. La maladie apparaît quand l'un de ces éléments l'emporte sur les autres. Pour soigner, il faut compenser par des exercices, des nourritures ou des médicaments qui rétablissent l'équilibre (voir chapitre 24 de *Gargantua*). Le français moderne, malgré les progrès de la médecine, a conservé quelques traces de cette théorie : un tempérament « bilieux » ou « sanguin », « se faire de la bile », « être dans une humeur noire », un « atrabilaire » (celui qui est dominé par la bile noire, d'après l'étymologie latine), un « mélancolique » (même sens que le précédent mais formé sur la racine grecque).

Chapitre 8

Comment on vêtit Gargantua

Chapitre 9

La livrée et les couleurs de Gargantua

Chapitre 10

Ce que signifient la couleur blanche et la couleur bleue

Dans les chapitres 8, 9 et 10 Rabelais évoque les vêtements de Gargantua, qui nécessitent des milliers d'aunes[1] de tissu, ses souliers, ses gants, ses bijoux. Selon les vœux de Grandgousier à qui l'enfant apporte « joie céleste », on l'habille de couleurs symboliques : de blanc, couleur de la joie et de bleu, couleur céleste.

1→ L'aune est une ancienne mesure qui correspond à peu près à 1,20 m.

Chapitre 11

L'enfance de Gargantua

De trois à cinq ans, Gargantua fut élevé et instruit dans toutes les disciplines convenables selon les ordres de son père et il passa son temps comme les petits enfants du pays : c'est-à-dire à boire, manger et dormir ; à manger, dormir et boire ; à dormir, boire et manger. Il se vautrait toujours dans la boue, se noircissait le nez, se barbouillait le visage, éculait ses souliers. Il bayait souvent aux mouches et courait volontiers après les papillons dont son père était l'empereur. Il pissait sur ses souliers, chiait dans sa chemise, se mouchait sur ses manches, morvait dans la soupe, pataugeait partout, buvait dans sa pantoufle et se frottait ordinairement le ventre d'un panier. Il s'aiguisait les dents sur un sabot, se lavait les mains dans le potage, se peignait avec un gobelet, s'asseyait entre deux chaises, le cul à terre, se couvrait d'un sac mouillé, buvait en mangeant sa soupe, mangeait sa fouace sans pain, mordait en riant, riait en mordant, crachait souvent au bassin, pétait de graisse[1], pissait contre le soleil, se cachait dans l'eau pour éviter la pluie, battait froid, songeait creux[2], faisait le sucré[3], écorchait le renard[4], disait la prière du singe[5],

---

1→ Était très gras.
2→ Se nourrissait de chimères et de rêveries.
3→ Prenait un air doucereux.
4→ Vomissait.
5→ Claquait des dents.

revenait à ses moutons, menait les truies au foin[1], battait le chien devant le lion[2], mettait la charrue avant les bœufs[3], se grattait où cela ne le démangeait pas, tirait les vers du nez, trop embrassait et mal étreignait, mangeait son pain blanc le premier, ferrait les cigales[4], se chatouillait pour se faire rire, se précipitait à la cuisine, offrait des gerbes de paille aux dieux[5], faisait chanter *Magnificat* à mâtines et trouvait cela très à propos[6], mangeait des choux et chiait des blettes, repérait les mouches dans le lait, faisait perdre pied aux mouches, ratissait le papier[7], barbouillait le parchemin, cédait du terrain, vidait la gourde, comptait sans son hôte, battait les buissons sans attraper les oisillons, prenait les nuages pour des poêlons de bronze et les vessies pour des lanternes[8], avait plus d'un tour dans son sac, faisait l'âne pour avoir du son[9], de son poing faisait un maillet, prenait les grues au premier saut, voulait que maille à maille on fît les hauberts, à cheval donné regardait toujours la bouche, sautait du coq à l'âne, mettait une mûre entre deux vertes[10], mettait la terre dans le fossé[11],

---

1→ Ne faisait pas ce qu'il convient (les truies ne mangent pas de foin).
2→ Faisait une réprimande à un inférieur devant un supérieur pour que ce dernier la prenne pour lui.
3→ Allait trop vite en besogne.
4→ Tentait l'impossible.
5→ Se moquait des dieux, les trompait en leur offrant de la paille au lieu de blé.
6→ *Magnificat* se chante aux vêpres.
7→ C'est absurde car il est lisse.
8→ Deux expressions de même sens qui signifient « se tromper grossièrement ».
9→ Faisait l'imbécile pour obtenir un avantage.
10→ Mêlait un peu de douceur à beaucoup d'amertume.
11→ Et non pas sur le talus.

L'énumération

Rabelais aime beaucoup jouer avec les mots : ici, il se laisse emporter dans une longue énumération. Mais ce n'est pas uniquement pour le plaisir. Il veut montrer que, spontanément, un jeune enfant cherche à satisfaire ses instincts : ainsi, au début du passage, il est surtout question de manger, boire, uriner et déféquer. Et il poursuivra par des expressions populaires. Ainsi « il mangeait son pain blanc le premier », « se précipitait à la cuisine » (n'était pas capable d'attendre). Toutefois l'enfant fait aussi beaucoup d'efforts inutiles ; c'est ce que signifient les expressions : « se couvrait d'un sac mouillé » qui a le même sens que « se cachait dans l'eau pour éviter la pluie », « battait froid » (alors qu'il faut battre le fer tant qu'il est chaud), « battait les buissons sans attraper les oisillons » et « pissait contre le soleil », qui peut d'ailleurs aussi vouloir dire offenser les puissants. Bref, l'enfant fait le contraire de ce que recommande la sagesse populaire, c'est pourquoi Rabelais accumule toute une série d'expressions et de proverbes, dont certains sont encore usités de nos jours, comme « être un songe-creux », c'est-à-dire se nourrir de chimères, « sauter du coq à l'âne », « qui trop embrasse mal étreint ». D'autres sont à double sens. Par exemple, l'expression « cracher au bassin » signifie : cracher dans les plats afin de dégoûter les hôtes et garder pour soi la bonne chère. La définition est donnée par Rabelais lui-même, dans le *Quart Livre* (prologue de 1548). Mais elle peut aussi vouloir dire : donner de l'argent. Dans ce sens, on emploie encore aujourd'hui l'expression « cracher au bassinet ». Et, pour donner à entendre que l'enfant fait des erreurs, Rabelais va prendre également le contre-pied d'autres expressions et proverbes : Gargantua « se grattait où cela ne le démangeait pas », « à cheval donné regardait la mâchoire » (quand on achetait un cheval, on regardait ses dents pour déterminer son âge), ce qui signifie que Gargantua était discourtois. Le premier apprentissage de Gargantua se fait donc par l'expérience et comporte bien des erreurs, mais elles sont naturelles.

protégeait la lune contre les loups, espérait prendre les alouettes si les nuages tombaient, faisait de nécessité vertu, faisait de tel pain tartine, se souciait aussi peu des pelés que des tondus et, tous les matins, écorchait le renard. Les petits chiens de son père mangeaient dans son écuelle, de même lui mangeait avec eux. Il leur mordait les oreilles, ils lui égratignaient le nez ; il leur soufflait au cul, ils lui léchaient les babines. [...]

Chapitre 12

Les chevaux factices de Gargantua Dans le chapitre 12, Rabelais montre l'usage que fait Gargantua des chevaux de bois que son père lui offre ou qu'il se fabrique avec des bâtons et l'ingéniosité avec laquelle il réussit à mystifier les seigneurs de Peinensac, Fancrepas et Mouillevent.

Chapitre 13

Comment Grandgousier reconnut l'intelligence merveilleuse de Gargantua à l'invention d'un torchecul

Sur la fin de la cinquième année, Grandgousier, de retour après avoir vaincu les Canarriens, rendit visite à son fils Gargantua. Là, il se réjouit en voyant qu'il avait un fils digne de lui. Et, tout en l'embrassant et le tenant par le cou, il lui posait de petites questions puériles. Et il but tant et plus avec lui et ses gouvernantes auxquelles il prit soin de demander, entre autres choses, si elles l'avaient tenu propre et net. À cela, Gargantua répondit qu'il s'était organisé de sorte qu'en tout le pays, il n'y avait garçon plus net que lui.

– Comment cela ? dit Grandgousier.

– Par des expériences longues et minutieuses, répondit Gargantua, j'ai découvert un moyen de me torcher le cul ; le plus noble, le meilleur, le plus efficace qu'on ait jamais vu.

– Lequel ? dit Grandgousier.

– C'est ce que je vais vous raconter à présent. Je me suis torché une fois avec le cache-nez en velours d'une demoiselle ; je le trouvai fort bon car la douceur de la soie me procurait au fondement une volupté bien grande.

Une autre fois, avec son chaperon[1] et il en fut de même.

1► Capuchon ou chapeau que portaient à l'époque hommes et femmes (voir *Le Petit Chaperon rouge*). La partie du chaperon qui cachait les oreilles (oreillettes) était couverte d'ornements. Le dessus du chaperon pouvait être orné d'un bourrelet ; il était prolongé par une sorte d'écharpe qui pouvait pendre ou entourer le cou.

Une autre fois, avec un cache-col.

Une autre fois, avec des oreillettes de satin cramoisi, mais la dorure d'un tas de sphères de merde qui l'ornaient m'écorcha tout le derrière. Que le feu Saint Antoine[1] brûle le boyau culier de l'orfèvre qui les fit et de la demoiselle qui les porta !

Ce mal passa quand je me torchai avec un bonnet de page, bien emplumé comme celui des gardes suisses.

Puis, comme je fientais derrière un buisson, je trouvai un chat de mars[2]. Je me torchai avec, mais ses griffes m'ulcérèrent tout le périnée[3].

Ce dont je me guéris le lendemain en me torchant avec les gants de ma mère, bien parfumés au « maujoin[4] ».

Puis je me torchai avec de la sauge, du fenouil, de l'aneth, de la marjolaine, des roses, des feuilles de courges, de choux, de blettes, de vigne, de bouillon blanc (c'est l'écarlate au cul), de guimauve, avec de la laitue et des feuilles d'épinards – tout cela m'a fait une belle jambe – avec de la mercuriale, de la persicaire, des orties, de la consoude[5] mais j'en attrapai une cacquesangue de Lombard[6], dont je fus guéri en me torchant avec ma braguette.

1→ C'était le nom qu'on donnait à l'érysipèle, une maladie infectieuse qui provoquait une inflammation de la peau.
2→ D'après la croyance populaire, les chats nés en mars sont les plus féroces.
3→ Gargantua emploie un vocabulaire médical peu en rapport avec son âge. Le périnée est la zone entre l'anus et les parties génitales.
4→ Jeu de mots entre « benjoin », substance aromatique utilisée en parfumerie, et « maujoint » (mal joint) qui signifiait en argot « sexe de femme ».
5→ Toutes ces plantes sont ce que l'on appelait des « simples », des plantes aromatiques ou médicinales.
6→ La cacquesangue, mot d'origine italienne – ce qui explique la présence du Lombard –, est une diarrhée sanglante, probablement la dysenterie.

Puis je me torchai avec des draps, une couverture, des rideaux, un coussin, une carpette, un tapis vert, un torchon, une serviette, un mouchoir, un peignoir. En tout cela, je trouvai plus de plaisir que n'en ont les galeux quand on les étrille.

– Vraiment ! dit Grandgousier, mais quel torchecul as-tu trouvé le meilleur ?

– J'y arrivais, dit Gargantua, et vous saurez bientôt le fin mot de l'histoire. Je me torchai avec du foin, de la paille, de l'étoupe, de la bourre, de la laine, du papier. Mais

Toujours laisse aux couillons émorche[1]
Qui son cul sale de papier torche.

Quoi ! dit Grandgousier, mon petit couillon, [...] tu rimes déjà ?

– Oui-da, mon roi, je rime tant et plus et en rimant, souvent je « m'enrime ».

Gargantua continue son propos en vers et montre une logique digne d'un docteur, à la grande admiration de son père qui le récompense d'une barrique de vin. Puis il reprend son exposé.

Ensuite je me torchai avec un couvre-chef, un oreiller, une pantoufle, une gibecière, un panier – oh, le désagréable torchecul ! – puis avec un chapeau. Et notez, que des chapeaux, les uns sont ras, d'autres à poils, ou de

1→ Une trace.

velours, de taffetas, de satin. Le meilleur de tous est fait de poils car il nettoie très bien la matière fécale.

Puis je me torchai avec une poule, un coq, un poulet, la peau d'un veau, avec un lièvre, un pigeon, un cormoran, un sac d'avocat, une cagoule, une coiffe, un leurre[1].

Mais, pour conclure, je dis et je maintiens qu'il n'y a pas meilleur torchecul qu'un oison[2] bien duveteux pourvu qu'on lui tienne la tête entre les jambes. Et vous pouvez me croire sur l'honneur, vous sentez au trou du cul une volupté mirifique, tant par la douceur du duvet que par la chaleur tempérée de l'oison, qui est facilement communiquée au boyau culier et autres intestins jusqu'à la région du cœur et du cerveau. Et ne pensez pas que la béatitude des héros et demi-dieux qui sont aux champs Élysées vienne de leurs asphodèles, de l'ambroisie ou du nectar[3], comme disent les vieilles de chez nous. Elle est, selon mon opinion, en ce qu'ils se torchent le cul d'un oison ; et telle est l'opinion de Maître Jehan d'Écosse[4].

---

[1] Un leurre est un faux oiseau en cuir, utilisé pour faire revenir sur le poing de son maître un faucon dressé pour la chasse.
[2] Un oison est le poussin d'une oie.
[3] Les mythes qu'évoque ici Rabelais sont des mythes grecs sur les Enfers et la nourriture des dieux (à lire dans *Les Dieux de la mythologie grecque*, Folio Junior Les universels). Les contes de bonnes femmes ne devaient pas les mentionner.
[4] Voir note 2, p. 26.

Chapitre 14

Comment Gargantua apprit les lettres latines avec un sophiste [1]

Quand il entendit ces propos, le bonhomme Grandgousier fut saisi d'admiration en considérant le bon sens et la merveilleuse intelligence de son fils Gargantua. Il dit à ses gouvernantes :

– Philippe de Macédoine se rendit compte de l'intelligence de son fils Alexandre en le voyant manier un cheval avec dextérité. Ce cheval était si terrible et si indomptable que nul n'osait le monter : il secouait tous ses cavaliers, rompant le cou à l'un, à un autre les jambes, à un autre la cervelle ou les mandibules. Alexandre l'observa à l'hippodrome (c'était l'endroit où on promenait et exerçait les chevaux à la voltige) ; il s'avisa que la fureur du cheval ne venait que de la frayeur que lui causait son ombre. Aussi, en le montant, il le fit courir face au soleil, si bien que l'ombre tombait derrière lui. Par ce moyen, il rendit le cheval docile à sa volonté. Voilà à quoi son père comprit la divine intelligence de son fils et il le fit instruire par Aristote qui était alors le plus estimé de tous les philosophes de Grèce [2].

Eh bien, je vous le dis ! Aux seuls propos que je viens d'échanger avec mon fils Gargantua, j'ai compris que son

---

1→ Rabelais avait d'abord écrit « par un théologien ». Mais, comme tous les enseignants de la Sorbonne étaient des religieux, il a ensuite préféré éviter une attaque trop frontale ; il utilisa donc le mot sophiste qui fait référence à l'Antiquité grecque pour critiquer leurs méthodes d'enseignement.
2→ Cette anecdote est tirée de *La Vie d'Alexandre* du biographe grec Plutarque.

intelligence participe de quelque divinité, tant je la trouve vive, subtile, profonde et sereine. C'est pourquoi je veux le confier à un savant pour qu'il l'instruise selon ses capacités et je ne veux rien y épargner.

De fait, on lui indiqua un grand docteur sophiste, nommé Maître Tubal Holopherne, qui lui apprit si bien son alphabet qu'il le disait par cœur à l'envers. Cela lui prit cinq ans et trois mois. Puis il lui lut le *Donat*, le *Facet*, le *Theodolet* et Alanus dans ses *Paraboles*[1] ; et cela lui prit treize ans, six mois et deux semaines.

Remarquez qu'en même temps, il lui apprenait à écrire en écriture gothique[2] et il écrivait tous ses livres car l'art de l'imprimerie n'était pas encore en usage.

Il portait habituellement une grosse écritoire, pesant plus de sept mille quintaux, dont l'étui était aussi gros et grand que les gros piliers d'Ainay[3] ; à de grosses chaînes de fer, était suspendu l'encrier, qui avait la capacité d'un tonneau de marchandise[4].

Puis il lui lut *De modis significandi* avec les commentaires de Heurtebise, de Faquin, de Tropditeux, de Galehaut, de Jean le Veau, de Billon, de Brelingandus et d'un tas d'autres. Cela lui prit plus de dix-huit ans et onze mois. Il

---

1➜ Ce sont les quatre manuels de base pour les élèves débutants au début du XVIe siècle. Il s'agit d'une grammaire latine, d'un traité de savoir-vivre, d'une étude visant à démonter la fausseté de la mythologie et d'un traité de morale ; tous les quatre en latin, bien sûr.

2➜ C'était l'écriture habituelle au Moyen Âge. On commençait à adopter l'écriture actuelle (dite « à l'italienne »), plus lisible.

3➜ Il s'agit de l'église Saint-Martin-d'Ainay à Lyon, dont la coupole est soutenue par quatre colonnes antiques.

4➜ C'est-à-dire environ 5 m³.

L'onomastique
ou choix des noms propres

Rabelais aime jouer sur les noms propres. Il choisit pour les maîtres méprisés des noms péjoratifs : en hébreu, *Tubal* signifie « confusion » et Holopherne est un ennemi des Hébreux, qui fut tué grâce à l'héroïsme de Judith. Il se moque aussi du second précepteur en le nommant Jobelin Bridé, que l'on pourrait traduire par « niais comme une oie ». Les noms des commentateurs prêtent aussi à rire : « faquin » est une insulte, Jean le Veau équivaut à « bizut », Brelingandus à « Connardus », etc. D'autres personnages sont aussi affublés de noms qui accentuent leur ridicule : ainsi Janotus de Bragmardo (voir note 2, p. 48) ou les seigneurs de Baisecul et de Humevesne, dans Pantagruel. Et la scatologie n'est pas exclue, si elle renforce l'effet burlesque. Mais d'autres noms vont être choisis pour leur symbolique ; on pourrait les qualifier de noms-programmes : Picrochole, c'est Bile amère, le roi aigri ; ses conseillers se nomment Spadassin, Merdaille, Menuail, c'est-à-dire « canaille ». De l'autre côté, les humanistes sont Eudémon, le bien doué, Ponocrates, le travailleur, Épistémon, le sage. Sans oublier Panurge, celui qui peut tout faire et les géants eux-mêmes, dont les noms sont imposés par les circonstances de leur naissance, avec des étymologies fantaisistes.

le connaissait si bien que, mis à l'épreuve, il le récitait par cœur à l'envers et, sur le bout des doigts, prouvait à sa mère que « de modis significandi non erat scientia[1] ».

Puis il lui lut l'almanach[2] et cela lui prit bien deux ans et deux mois. C'est alors que ledit précepteur mourut, en l'an mille quatre cent vingt, d'une vérole qui lui vint.

---

1. « Les modes de la signification n'engendrent pas la connaissance. »
2. Un almanach est un calendrier qui contient tous les jours de l'année, les fêtes, les indications astronomiques, voire des pronostics météorologiques.

Puis il eut un autre vieux tousseux, nommé Maître Jobelin Bridé, qui lui lut Hugutio, *le Grecisme* d'Eberhard, le *Doctrinal*, les *Pars*, le *Quid est*, le *Supplementum*, Marmotret, *De moribus in mensa servandis*, *De quattuor virtutibus cardinalibus* de Seneca, Passaventi *cum commento* et le *Dormi secure*[1] pour les fêtes et quelques autres de la même farine. À leur lecture, il devint si sage que jamais depuis nous n'en avons enfourné de pareils.

Chapitre 15

Comment Gargantua fut confié à d'autres pédagogues

Alors son père s'aperçut que sans doute il étudiait très bien et y passait tout son temps mais que, malgré tout, cela ne lui profitait pas ; bien pis, il en devenait fou, niais, tout rêveur et radoteur.

Il s'en plaignit à Don Philippe des Marais, vice-roi de Papeligosse, et comprit qu'il vaudrait mieux ne rien apprendre que d'apprendre de tels livres avec de tels précepteurs ; car leur savoir n'était que sottises et leur sagesse niaiseries, abâtardissant les bons et nobles esprits et gâtant toute fleur de jeunesse.

– Agissez plutôt ainsi, dit Don Philippe : prenez un de

---

[1] Il s'agit de manuels existants, très critiqués par les humanistes.

ces jeunes gens d'aujourd'hui, même s'il n'a étudié que deux ans. S'il n'a pas meilleur jugement, meilleures paroles, meilleure conversation que votre fils, s'il n'est pas plus à l'aise et plus civil avec les gens, je veux bien passer à jamais pour un tranchelard de la Brenne[1]. Ceci plut fort à Grandgousier qui donna l'ordre d'en faire ainsi.

Le soir, au dîner, ledit des Marais fit entrer un de ses jeunes pages nommé Eudémon[2], originaire de Villegongis, si bien coiffé, si bien apprêté, si bien bichonné, d'un maintien si courtois, qu'il ressemblait plus à un petit angelot qu'à un homme. Puis il dit à Grandgousier :

– Voyez-vous ce jeune enfant ? Il n'a pas encore douze ans. Voyons, si bon vous semble, la différence entre le savoir de vos songe-creux du temps jadis et des jeunes gens de maintenant.

L'épreuve plut à Grandgousier. Il engagea le page à parler le premier. Alors Eudémon demanda la permission au vice-roi, son maître, et se tint debout, le bonnet à la main, le visage ouvert, la bouche vermeille, les yeux assurés, le regard posé sur Gargantua avec une modestie juvénile. Il commença à le louer, à exalter tout d'abord sa vertu et ses bonnes mœurs, en second lieu son savoir, troisièmement sa noblesse, quatrièmement la beauté de son corps et cinquièmement, il l'exhorta avec douceur à révérer, en toute occasion, son père qui se donnait tant de mal à le faire ins-

---

1 Un tranchelard n'est pas bon à grand-chose d'autre. C'est un propre-à-rien, un vantard. La Brenne est une région du Berry.
2 Nom grec qui signifie « bien doué ».

truire. Enfin il le pria de le garder comme le dernier de ses serviteurs car, pour le moment, il ne demandait au ciel d'autre don que la grâce de lui plaire par tout service qui lui serait agréable. Et il proféra tout ce discours avec des gestes si appropriés, une prononciation si distincte, une voix si éloquente et un langage si orné, en si bon latin, qu'il ressemblait plus à un Gracchus, un Cicéron ou un Émilius[1] du temps passé qu'à un jeune homme de ce siècle.

Au contraire, pour toute contenance, Gargantua se mit à pleurer comme une vache et se cacha le visage de son bonnet. Il ne fut pas possible d'en tirer une parole, pas plus qu'un pet d'un âne mort. Son père en fut si courroucé qu'il voulut occire Maître Jobelin. Mais ledit des Marais l'en empêcha par une belle remontrance qui calma sa colère. Il ordonna donc qu'on lui paie ses gages, qu'on le laisse se soûler très sophistiquement puis qu'on l'envoie à tous les diables. [...]

Maître Jobelin parti de la maison, Grandgousier et le vice-roi discutèrent du précepteur qu'on pourrait donner à Gargantua ; ils décidèrent que cet office serait dévolu à Ponocrates[2], pédagogue d'Eudémon et que, tous ensemble, ils iraient à Paris pour savoir comment étudiaient les jeunes gens de France à cette époque.

---

[1] Ce sont trois grands orateurs latins.
[2] Nom forgé sur le grec, qui signifie « travailleur ».

Chapitre 16

Comment Gargantua fut envoyé à Paris, et de l'énorme jument qui le porta. Comment elle anéantit les mouches à bœuf de la Beauce

À la même époque, Fayolles, quatrième roi de Numidie, envoya depuis l'Afrique une jument à Grandgousier, la plus énorme, la plus grande, la plus monstrueuse qu'on ait jamais vue : on sait bien que l'Afrique nous apporte toujours des nouveautés. Elle était grande comme six éléphants et avait les pieds fendus en doigts comme le cheval de Jules César, les oreilles pendantes comme les chèvres du Languedoc et une petite corne au cul. Pour le reste, sa robe était alezan brûlé, entremêlée de gris pommelé. Mais surtout elle avait une horrible queue, grosse environ comme la tour Saint-Mars, près de Langeais[1], avec les crins embroussaillés comme des épis de blé, ni plus ni moins. […]

On l'amena par mer, dans trois caraques et un brigantin[2], jusqu'au port des Sables-d'Olonne en Talmondais. Quand Grandgousier la vit, il dit :

– Voici bien ce qui convient pour porter mon fils jusqu'à Paris. Eh bien, pardieu, tout ira bien. Il sera grand clerc[3]

1→ Il s'agit des ruines d'un bâtiment antique.
2→ Ce sont des bateaux à voile ; les caraques sont des vaisseaux de commerce génois et le brigantin un petit vaisseau de guerre.
3→ Les clercs sont les intellectuels. Le mot avait d'abord désigné les membres du clergé, les seuls à savoir lire au Moyen Âge. Dans la phrase qui suit, Rabelais s'amuse à reprendre un vieux dicton : « S'il n'y avait pas Messires les clercs, nous vivrions comme des bêtes », en inversant deux termes.

dans l'avenir. S'il n'y avait pas Messires les bêtes, nous vivrions comme des clercs.

Le lendemain, après avoir bu, comme vous vous en doutez bien, Gargantua se mit en route avec son précepteur Ponocrates et ses serviteurs et, avec eux, Eudémon, le jeune page. Comme le temps était serein et bien tempéré, son père lui fit faire des bottes de couleur fauve : Babin[1] les nomme brodequins.

Ils cheminèrent donc joyeusement, faisant toujours bonne chère, jusqu'au-dessus d'Orléans. À cet endroit se trouvait une vaste forêt, longue de trente-cinq lieues et large de dix-sept environ. Celle-ci était horriblement féconde et abondante en mouches à bœufs et en frelons, de sorte que c'était un vrai coupe-gorge pour les pauvres juments, les ânes et les chevaux. Mais la jument de Gargantua vengea honorablement tous les outrages qu'y avaient subis les bêtes de son espèce par un tour dont les insectes ne se doutaient guère. Car dès qu'ils furent entrés dans la forêt et que les frelons lui eurent donné assaut, elle dégaina sa queue et, en une belle escarmouche, elle les émoucha tant qu'elle en abattit tout le bois. À tort, à travers, de çà, de là, par ci, par là, en long, en large, dessus, dessous, elle abattait les bois comme un faucheur abat les herbes, en sorte que depuis il n'y eut plus ni arbre ni frelons et que tout le pays fut transformé en champs.

Gargantua prit grand plaisir à cette vue, sans autrement s'en vanter et dit à ses serviteurs : « Je trouve beau ce ! » Et

---

1► C'était un cordonnier de Chinon. Les brodequins étaient des chaussures montantes de cuir fin.

depuis lors, on appelle ce pays la Beauce. Mais pour déjeuner, ils n'eurent qu'à bailler ; en mémoire de quoi, aujourd'hui encore les gentilshommes de Beauce déjeunent d'un bâillement, ils s'en trouvent fort bien et n'en digèrent que mieux[1].

Chapitre 17

Comment Gargantua paya sa bienvenue aux Parisiens, et comment il prit les grosses cloches de l'église Notre-Dame

Bien reposé, quelques jours plus tard, il visita la ville et tout le monde le regarda avec une grande admiration, car le peuple de Paris est si sot, si badaud, si benêt de nature qu'un comédien des rues[2], un porteur de rogatons[3], un mulet avec ses grelots, un joueur de vielle au milieu d'un carrefour assemblera plus de gens qu'un bon prêcheur évangélique[4].

1→ À cette époque, la pauvreté de la Beauce était proverbiale.
2→ Il n'y avait pas alors de théâtres. Les spectacles se faisaient dans les rues, sur les places, les ponts, ou à l'occasion des foires.
3→ *Rogatons* est un terme péjoratif pour évoquer les reliques. Le mot est resté en français moderne avec le sens de « petits restes, résidus sans valeur ». Les reliques sont des objets que les catholiques du Moyen Âge croyaient avoir appartenu au Christ, à Marie, sa mère ou à l'un des saints, par exemple un morceau de la croix, du manteau de Marie, un os d'un saint... On leur attribuait le pouvoir de faire des miracles. Rabelais se moque de ce qu'il considère comme une superstition indigne d'un vrai chrétien. (Lire l'encadré sur la religion de Rabelais, p. 121.)
4→ Lire l'encadré sur la religion de Rabelais.

Ils l'ennuyèrent tant à le poursuivre qu'il fut contraint de se réfugier sur les tours de Notre-Dame. Installé là et voyant tant de gens autour de lui, il dit clairement :

– Je crois que ces maroufles veulent que je leur fasse un don de bienvenue. C'est juste ! Je vais leur donner du vin mais ce ne sera que par ris[1].

Alors, en souriant, il détacha sa belle braguette et, sortant sa verge, il les compissa si sévèrement qu'il en noya deux cent soixante mille quatre cent dix-huit, sans compter les femmes et les petits enfants.

Quelques-uns, en petit nombre, échappèrent à ce pisse-fort grâce à la légèreté de leurs pieds. Et, quand ils furent au plus haut du Quartier latin, suant, toussant, crachant et hors d'haleine, ils commencèrent à blasphémer, à jurer, les uns en colère, les autres par ris : « Carimary, caramara ! Par sainte Mamie, nous voilà arrosés par ris ! » Depuis, la ville fut appelée Paris ; on l'appelait auparavant Lutèce. [...]

Après quoi, Gargantua considéra les grosses cloches qui se trouvaient dans les tours et les fit sonner bien harmonieusement. Ce faisant, il lui vint à l'idée qu'elles serviraient bien de grelots au cou de sa jument, qu'il voulait renvoyer à son père, toute chargée de fromages de Brie et de harengs frais. De fait, il les emporta à son logis. [...]

Toute la ville entra en sédition [...]. Après avoir bien ergoté *pro et contra*, il fut conclu que l'on enverrait le professeur le plus vieux et le plus suffisant de la Faculté auprès de Gargantua pour lui démontrer les horribles inconvénients

---

1➞ On dirait aujourd'hui « pour rire ».

que provoquait la perte des cloches. Et malgré les remontrances de certains membres de l'université qui allé-
guaient que cette charge convenait mieux à un orateur
qu'à un sophiste[1], on élut pour cette affaire notre maître
Janotus de Bragmardo[2].

Chapitre 18

Comment Janotus de Bragmardo fut envoyé
auprès de Gargantua
pour récupérer les grosses cloches

Chapitre 19

La harangue que fit Janotus de Bragmardo
à Gargantua pour récupérer les cloches

Dans ces deux chapitres, Maître Janotus de Bragmardo se présente chez Gargantua. Celui-ci préfère

---

1→ Voir note 1, p. 38.
2→ Forme latinisée de Jeannot de Braquemart. La forme est prétentieuse
alors que Jeannot est un diminutif familier. Un braquemart était un poignard
mais évoquait aussi le sexe masculin. On voit que Rabelais se moque
du personnage.

rendre les cloches avant d'écouter son discours, pour qu'il n'en tire aucune gloire. Il le fait boire, pendant que les cloches sont rapportées à Notre-Dame, puis écoute sa harangue, prononcée d'une manière ridicule, en français mêlée de « latin de cuisine » dont voici un échantillon. Il s'agit de son argument « massue » :

« Ça ! Je vous prouve que vous devez me les donner. Ego sic argumentor [1] : omnis clocha clochabilis, in clocherio clochando, clochans clochativo clochare facit clochabiliter clochantes. Parisius habet clochas [2]. Ergo gluc [3]. »

Chapitre 20

Comment le sophiste emporta son drap, et comment il se trouva en procès avec les autres maîtres

Gargantua et ses amis rient aux larmes de ce discours de farce et, pour le remercier de ce bon moment, renvoient Janotus en lui offrant « dix empans de

[1] « Voici comment je vais argumenter. » C'est la formule qui annonce une soutenance de thèse dans les universités.

[2] Les tournures ont l'air latin mais le vocabulaire est du français latinisé. L'ensemble n'a absolument aucun sens. Rabelais parodie le mauvais latin des professeurs de la Sorbonne.

[3] La formule était employée par les étudiants pour se moquer d'une conclusion absurde. Janotus, très fier de lui, n'aurait pas dû l'employer.

saucisse, une paire de chausses, trois cents bûches de gros bois, vingt cinq muids[1] de vin, un lit à triple couche de plumes d'oie et une grande écuelle bien profonde, choses qu'il disait nécessaires à sa vieillesse ». Mais ses collègues le jalousent et lui font un procès, qui dure encore.

Ces chapitres permettent à Rabelais de ridiculiser les professeurs et donc l'enseignement traditionnel donné à la Sorbonne. Ils reprennent la critique des premiers précepteurs de Gargantua.

Chapitre 21

L'étude de Gargantua selon la méthode de ses professeurs sophistes

Les premiers jours ainsi passés et les cloches remises à leur place, les citoyens de Paris, par reconnaissance pour cette honnêteté, s'offrirent à entretenir et nourrir sa jument tant qu'il lui plairait, – ce que Gargantua apprécia bien – et l'envoyèrent vivre dans la forêt de Fontainebleau. Je ne crois pas qu'elle y soit encore maintenant.

Ensuite, de tout son cœur, il voulut étudier selon les souhaits de Ponocrates ; mais celui-ci, pour commencer,

---

1→ Les empans sont une mesure de longueur et le muid une mesure de capacité d'environ 270 l.

lui ordonna de faire comme à son habitude, afin de comprendre par quel moyen, en si longtemps, ses anciens professeurs l'avaient rendu si fat, si niais et ignorant.

Il passait donc son temps ainsi : à l'ordinaire, il s'éveillait entre huit et neuf heures, qu'il fît jour ou non. Ainsi l'avaient ordonné ses anciens maîtres, s'appuyant sur les paroles de David : *Vanum est vobis ante lucem surgere*[1].

Puis il gambadait, sautait et se vautrait sur sa paillasse pour mieux réjouir ses esprits animaux[2]. Il s'habillait selon la saison mais portait volontiers une grande et longue robe de grosse laine fourrée de renard. Après il se peignait du peigne d'Almain[3] : avec les quatre doigts et le pouce car ses précepteurs disaient que se peigner, se laver et se nettoyer davantage, c'était perdre du temps en ce monde.

Puis il fientait, pissait, se raclait la gorge, rotait, pétait, bâillait, crachait, toussait, sanglotait, éternuait et se mouchait comme un archidiacre[4] et, pour combattre la rosée et le mauvais air, il déjeunait de belles tripes frites, de belles grillades, de beaux jambons, de beaux sautés de chevreau et force tartines matinales.

1➜ « Il est vain de vous lever avant le jour » : les précepteurs ont cité une phrase de la Bible (psaume de David) mais en la coupant de son contexte ; le verset continuait par : « Le seigneur comble ceux qu'il aime pendant qu'ils dorment » Il s'agissait de glorifier la grandeur de Dieu et non, comme le font les précepteurs, la paresse.
2➜ Les esprits animaux sont les esprits de l'âme (*anima* en latin), les plus nobles des esprits humains.
3➜ Jeu de mots entre « la main » et le nom d'un professeur de l'université de Paris, modèle des anciens professeurs dont se moque Rabelais.
4➜ Expression populaire qui signifie « salement », car les archidiacres avaient la réputation d'être sales, ou « copieusement », car ils avaient aussi celle d'être riches.

Ponocrates lui fit remarquer qu'il ne devrait pas se goinfrer autant au saut du lit sans avoir fait de l'exercice auparavant. Gargantua répondit :

– Quoi ! N'ai-je pas fait suffisamment d'exercice ? Je me suis vautré six ou sept fois à travers le lit avant de me lever. Ainsi agissait le pape Alexandre[1], sur les conseils de son médecin juif et il vécut jusqu'à sa mort en dépit des envieux. Mes premiers maîtres m'ont habitué ainsi, disant que le petit déjeuner donnait bonne mémoire ; du reste, ils étaient les premiers à boire. Je m'en trouve fort bien et n'en déjeune que mieux. Et Maître Tubal me disait que rien ne sert de courir vite, il faut partir de bonne heure. Aussi, la santé de l'humanité n'est pas de boire beaucoup, beaucoup, beaucoup, comme des canes, mais plutôt de boire le matin. D'où le proverbe :

Lever matin ne fait pas le bonheur ;

Boire matin est bien meilleur.

Après avoir bien déjeuné, il allait à l'église. On lui apportait, dans un grand panier, un gros livre de prières emmitouflé qui pesait, tant en graisse qu'en fermoirs et parchemin, environ onze quintaux et six livres[2]. Là, il entendait vingt-six ou trente messes. Alors venait son diseur de prières, encapuchonné comme une huppe, l'haleine immunisée au jus de la vigne. Il marmonnait avec lui

---

1→ Il s'agit du pape Alexandre VI Borgia, qui régna de 1492 à 1503. Son médecin, Bonnet de Lates, était un juif provençal, converti au catholicisme. Si Rabelais a lu les écrits des médecins juifs et arabes du Moyen Âge, il leur préfère les doctrines des médecins grecs de l'Antiquité.
2→ Une livre pesait entre 300 et 550 g suivant les provinces. Rabelais joue sur la précision.

des kyrielles de prières et les épluchait si soigneusement qu'il n'en tombait pas un seul grain par terre.

Hors de l'église, on lui amenait sur un chariot tiré par des bœufs, un tas de chapelets de Saint-Claude[1], dont chaque grain était aussi gros que la tête. Et, en se promenant par les cloîtres, les galeries, les jardins, il en disait plus que seize ermites.

Puis il étudiait pendant une méchante demi-heure, les yeux sur son livre, mais comme dit le Comique[2], son âme était à la cuisine.

Il pissait donc un plein bocal, s'asseyait à table, et, parce qu'il était naturellement flegmatique[3], il commençait son repas par quelques douzaines de jambons, de langues de bœuf fumées, de boutargues[4], d'andouilles et d'autres avant-coureurs du vin.

En même temps, quatre de ses gens, l'un après l'autre, lui jetaient, sans arrêt dans la bouche, de la moutarde à pleines pelletées. Puis il buvait un horrifique trait de vin blanc pour se soulager les rognons. Après, selon la saison, il mangeait des mets à la mesure de son appétit et cessait de manger quand le ventre lui tirait.

Pour boire, il n'avait ni fin ni règle car, disait-il, un buveur ne devait se limiter et s'arrêter que quand la semelle de ses pantoufles s'élevait d'un demi-pied.

1→ La ville de Saint-Claude, dans le Jura, était alors célèbre pour ses objets en buis. Elle l'est aujourd'hui encore pour la fabrication de pipes.
2→ Il s'agit de Térence, un auteur latin de comédies (IIe siècle avant notre ère).
3→ Voir l'encadré sur la théorie des humeurs, p. 28.
4→ Voir note 1, p. 20.

L'hygiène

Le médecin Rabelais critique la mauvaise hygiène de vie de son héros : il est sale, il mange et boit trop, il ne fait aucun exercice physique. Il ne peut que rompre l'équilibre de ses quatre humeurs (voir l'encadré page 28). Ponocratès, son nouveau précepteur, lui enseignera tout le contraire : après les exercices physiques fréquents, visant à faire de lui un homme robuste et un chevalier accompli, il sera frotté, essuyé, il changera de vêtements. Ses repas seront soumis à des règles : il mangera légèrement dans la journée puis plus copieusement le soir. Pour Rabelais, le corps n'est pas méprisable. Il l'admire autant que l'âme et veut restituer son unité à la personne humaine. Aucune fonction n'est choquante ; il faut satisfaire joyeusement les besoins primaires du corps, mais Rabelais souligne la nécessité de se modérer pour réaliser le développement harmonieux de l'homme. On nomme cette philosophie, empruntée à l'Antiquité grecque, l'épicurisme.

Chapitre 22

Les jeux de Gargantua

Puis, tout alourdi, marmonnant un bout de prière, il se lavait les mains avec du vin frais, se curait les dents avec un pied de porc et bavardait joyeusement avec ses gens. Ensuite, on étendait un tapis vert et on y posait des cartes, des dés et un grand renfort de damiers. Alors il jouait :

au flux,
à la prime,
à la vole…

Rabelais énumère environ deux cents jeux, de cartes, d'échecs, de dés, des jeux d'intérieur et d'extérieur dont quelques-uns demeurent, tels que les échecs, la marelle, les tarots. Cependant la plupart **nous** sont inconnus. Ils portent des noms parfois très pittoresques, comme « coquimbert qui gagne perd », « la niquebroque », « le cocu », « croquignole », « laver la coiffe Madame », « pet en gueule », etc.

Une si longue énumération montre que Gargantua perd vraiment son temps.

Après avoir bien joué, tamisé, passé et bluté[1] le temps, il convenait de boire un peu – c'est-à-dire onze mesures chacun –, et aussitôt après avoir banqueté, on s'étendait sur un beau banc ou au beau milieu d'un lit, pour dormir deux ou trois heures sans penser à mal ni médire.

À son réveil, il secouait un peu les oreilles. Alors on lui apportait du vin frais et il buvait mieux que jamais.

Ponocrates lui fit remarquer que c'était un mauvais régime de boire ainsi, après avoir dormi.

– C'est la vraie vie des Pères, répondit Gargantua, car, par nature, je « dors salé » : dormir me fait l'effet de manger un jambon.

Puis il commençait à étudier quelque peu et en avant les patenôtres[2] ! Pour mieux les expédier, il montait sur une

---

1→ *Tamiser* et *bluter* sont synonymes de « passer ». Ces métaphores appartiennent au langage des meuniers : ce sont les opérations qui permettent de passer la farine, pour qu'elle soit très fine.
2→ *Patenôtre* vient du latin *pater noster*. Ce sont les premiers mots de la prière la plus connue des chrétiens. Le mot prend le sens de « prière ».

vieille mule qui avait servi neuf rois. Ainsi, marmottant de la bouche et dodelinant de la tête, il allait voir chasser les lapins au filet.

Au retour, il se transportait à la cuisine pour savoir quel rôti était à la broche. Et il dînait très bien, sur ma conscience ! Puis il conviait volontiers quelques buveurs de ses voisins. En buvant, ils racontaient de vieilles et de nouvelles histoires. […]

Après dîner, on installait les beaux « Évangiles de bois », c'est-à-dire les damiers et on recommençait :

le beau flux,
un deux, trois,
quitte ou double, etc.

Ou bien ils allaient voir les filles des alentours et c'étaient de petits banquets, des collations, des arrière-collations. Puis il dormait sans débrider, jusqu'au lendemain, huit heures.

Chapitre 23

**Comment Gargantua
fut éduqué par
Ponocrates
selon des méthodes
telles qu'il ne perdait
pas une heure
de la journée**

Quand Ponocrates connut l'absurde mode de vie de Gargantua, il décida de lui enseigner les belles-lettres autrement ; mais les premiers jours, il laissa faire, considérant que la Nature ne subit pas de changements soudains sans grande violence.

Donc, pour mieux commencer son œuvre, il supplia un savant médecin de son époque, nommé Maître Séraphin Calobarsy[1], d'examiner s'il était possible de remettre Gargantua en meilleure voie. Celui-ci le purgea selon les règles avec de l'ellébore d'Anticyre[2] et, par ce médicament, il lui nettoya le cerveau de toute corruption et mauvaise habitude. Par ce moyen, Ponocrates lui fit également oublier tout ce qu'il avait appris avec ses anciens précepteurs, comme faisait Timothée[3] quand ses disciples avaient été formés par d'autres musiciens.

Pour faire mieux encore, il l'introduisit dans la compagnie de savants du voisinage. Ainsi, par émulation se développèrent son esprit, son désir d'étudier autrement et de se faire valoir.

1→ Encore une anagramme de François Rabelais ou plus exactement Phrancois Rabelays. Dans la deuxième édition, le nom était Théodore, un nom symbolique puisqu'il signifie « don de Dieu ».
2→ C'était un traitement réputé contre la folie.
3→ Poète lyrique grec du Ve siècle avant notre ère.

Ensuite, il le soumit à un tel rythme de travail qu'il ne perdait pas une heure du jour mais consacrait tout son temps aux lettres et aux études intellectuelles[1].

Gargantua s'éveillait donc vers quatre heures du matin. Pendant qu'on le frottait, on lui lisait une page de la divine écriture[2], à haute et claire voix, avec la prononciation convenable. À cet office était commis un jeune page natif de Basché, nommé Anagnostes[3]. Selon le thème et le sujet du passage, souvent, il s'attachait à révérer, prier, adorer et supplier le bon Dieu dont la majesté et les merveilleux jugements apparaissaient à la lecture.

Puis il allait aux lieux secrets faire excrétion de ses digestions naturelles. Là, son précepteur répétait ce qui avait été lu et lui expliquait les points les plus obscurs et les plus difficiles. En revenant, ils considéraient l'état du ciel : était-il tel qu'ils l'avaient noté le soir précédent ? En quels signes entraient le soleil et la lune, ce jour-là ?

Ceci fait, il était habillé, peigné, coiffé, apprêté, parfumé et, en même temps, on lui répétait les leçons de la veille. Lui-même les récitait par cœur et en tirait des applications pratiques sur la condition humaine ; on réfléchissait parfois deux à trois heures mais d'habitude on cessait lorsqu'il

---

1→ Rabelais emploie l'expression « honnête savoir ». On distinguait la connaissance « noble, honorable », ce que l'on appelait aussi les « arts libéraux », c'est-à-dire les arts de l'esprit, la connaissance intellectuelle, d'un savoir méprisé, celui des « arts mécaniques », l'apprentissage des travaux manuels.
2→ La Bible.
3→ Basché est une localité près de Chinon et Anagnostes signifie « lecteur » en grec.

était entièrement habillé. Puis, pendant trois bonnes heures, on lui faisait la lecture.

Puis ils sortaient, toujours en discutant de la lecture, et allaient pratiquer des exercices physiques à Bracque[1] ou dans les prés. Ils jouaient à la balle, à la paume, à la pile trigone[2], s'exerçant élégamment le corps comme ils s'étaient auparavant exercé l'âme. Tous leurs jeux se faisaient en liberté car ils laissaient la partie quand il leur plaisait et ils s'arrêtaient ordinairement lorsqu'ils étaient en sueur ou fatigués. Alors ils étaient bien essuyés et frottés, ils changeaient de chemise et, en se promenant doucement, allaient voir si le repas était prêt. En attendant, ils récitaient avec clarté et éloquence quelques maximes retenues de la leçon.

Cependant, Monsieur l'Appétit venait et c'est au bon moment qu'ils s'asseyaient à table. Au début du repas, on lisait une histoire plaisante des anciennes prouesses jusqu'à ce qu'il prît son vin. Alors, s'il leur semblait bon, on continuait la lecture ou bien ils commençaient à deviser joyeusement. Les premiers mois, ils parlèrent des vertus, propriétés, effets et nature de tout ce qui leur était servi à table : pain, vin, eau, sel, viandes, poissons, fruits, herbes, racines ainsi que de leur préparation. Ce faisant, Gargantua apprit en peu de temps tous les passages qui s'y référaient

---

1▸ Le Grand Bracque était un célèbre jeu de paume parisien. Le jeu de paume était le « sport » favori des nobles du XVIe siècle et un peu l'ancêtre du tennis. (Notons qu'en ancien français le mot employé pour les exercices physiques et le jeu était « desport », qui passa à l'anglais et nous revint sous la forme « sport ».)
2▸ C'était un jeu de balle où trois joueurs se plaçaient en triangle.

dans Pline, Athénée, Dioscorides, Julius Pollux, Galien, Porphyre, Oppien, Polybe, Héliodore, Aristote, Élien et d'autres[1]. Pour vérifier leurs connaissances, ils se faisaient souvent apporter les livres à table. Et Gargantua apprit si bien et si parfaitement ces propos que, pour lors, il n'y avait pas un médecin qui eût la moitié de ses connaissances. Après ils parlaient des leçons lues le matin et, achevant leur repas par de la confiture de coing, Gargantua se curait les dents avec un tronc de lentisque[2], se lavait les mains et les yeux de belle eau fraîche et rendait grâce à Dieu par quelques beaux cantiques à la louange de la générosité et de la bonté divines.

Là-dessus, on apportait des cartes, non pour y jouer mais pour y apprendre mille petits jeux et inventions nouvelles, qui découlaient tous de l'arithmétique. Voilà comment il se mit à aimer la science des nombres et, tous les jours, après le déjeuner et le dîner, ils y passaient du temps, avec autant de plaisir qu'il en avait eu à jouer aux dés et aux cartes. À ce régime, il en sut tant, en théorie et en pratique, que l'Anglais Tunstal[3], qui avait abondamment écrit sur le sujet, confessa que, vraiment, comparé à Gargantua, lui-même n'y comprenait que le haut allemand. Il ne prit pas seulement goût à cette science mais aussi à

1→ Tous ces auteurs ont parlé des plantes et des animaux. Ils appartiennent à l'Antiquité : Pline est latin, les autres sont grecs. C'étaient des médecins, des philosophes, des naturalistes, un historien, dont Rabelais avait lu les écrits durant ses études de grec et de médecine.
2→ La lentisque est un arbuste méditerranéen, dont la sève résineuse, qu'on appelle « mastic », est bonne pour les gencives.
3→ Il était évêque de Londres et secrétaire du roi d'Angleterre Henri VIII. Il avait écrit en 1522 un traité d'arithmétique.

toutes les autres sciences mathématiques, comme la géométrie, l'astronomie et la musique ; car, en attendant l'assimilation et la digestion de son repas, ils créaient mille joyeux instruments et figures géométriques et, de même, étudiaient les lois astronomiques.

Après, ils se divertissaient à chanter à quatre ou cinq voix, en musique ou à faire des variations vocales sur un thème. Quant aux instruments de musique, il apprit à jouer du luth, de l'épinette, de la harpe, de la flûte traversière et de la flûte à neuf trous, de la viole et de la sacquebute[1]. Après avoir ainsi passé cette heure et parachevé la digestion, il se purgeait de ses excréments naturels puis se remettait à son étude principale pendant trois heures ou davantage, tant pour répéter la lecture du matin que pour poursuivre le livre entrepris ou pour écrire et bien tracer les lettres anciennes et romaines[2].

Ensuite ils sortaient de leur demeure avec un jeune gentilhomme de Touraine, écuyer nommé Gymnaste, qui montrait à Gargantua l'art de la chevalerie. Il changeait donc de vêtements et montait un coursier, un roussin, un genet, un cheval barbe ou un cheval léger[3], il lui faisait

---

1➔ Le luth est un instrument à cordes pincées, ressemblant à une mandoline, très en vogue au XVIe siècle ; l'épinette est un instrument à clavier et à cordes ; la viole, un instrument à cordes frottées. La sacquebute est une sorte de trombone.
2➔ Au Moyen Âge, on écrivait en caractères gothiques mais, au XVIe siècle, les caractères romains, venus d'Italie et plus simples à imprimer, s'imposaient petit à petit. Ce sont les caractères employés de nos jours.
3➔ Ce sont des chevaux de différentes fonctions ou races : le coursier et le roussin sont des chevaux de bataille ; le genet est un petit cheval espagnol, le cheval barbe vient d'Afrique du Nord (« la Barbarie »). On voit, à cette variété de termes, l'importance du cheval dans la civilisation de cette époque.

faire cent tours de carrière[1], lui faisait faire des voltes, franchir les fossés, sauter les barrières, tourner court dans un cercle, tant à main droite qu'à main gauche. Alors il rompait… non pas sa lance, car c'est la plus grande sottise du monde que de dire : « J'ai rompu dix lances en tournoi ou en bataille[2] » – un charpentier le ferait bien ! – mais c'est une gloire louable pour une lance d'avoir rompu dix de ses ennemis. Donc, de sa lance acérée, robuste et roide, il rompait une porte, enfonçait une armure, renversait un arbre, enfilait un anneau, attrapait une selle d'armes, un haubert, un gantelet. Et tout cela, il le faisait, armé de pied en cap.

Quant à faire des parades et de petits claquements de langue, nul, sur un cheval, ne le fit mieux que lui. Le voltigeur de Ferrare n'était qu'un singe en comparaison. En particulier on lui avait appris à sauter rapidement d'un cheval à l'autre sans mettre pied à terre (on nommait ces chevaux, chevaux de voltige), à monter des deux côtés, la lance au poing, à monter sans étriers et, sans bride, à guider le cheval à volonté, car de telles choses sont utiles à l'art militaire.

Un autre jour, il s'exerçait à la hache, qu'il abattait si bien, dont il donnait si vigoureusement des coups de pointe et frappait si souplement du tranchant qu'il serait passé chevalier d'armes en campagne et dans toutes les épreuves. Puis il brandissait la pique, frappait de l'épée à

1→ On appelle *carrière* un manège (pour entraîner les chevaux) non couvert.
2→ *Rompre des lances* était une expression employée dans les tournois pour signifier « se battre contre des adversaires ».

deux mains, de l'épée espagnole, de la dague et du poignard, avec ou sans armure, protégé soit par une cape soit par un grand ou un petit bouclier.

Il chassait le cerf, le chevreuil, l'ours, le daim, le sanglier, le lièvre, la perdrix, le faisan, l'outarde. [...]

> Rabelais continue l'énumération de tous les exercices physiques que pratique Gargantua. Tous, de la natation à l'escalade, visent à faire de lui un redoutable combattant.

Après avoir ainsi employé son temps, il était frotté, nettoyé et il se changeait. Et il revenait tout doucement ; et, passant dans un pré ou autre lieu herbu, ils allaient voir les arbres et les plantes et en dissertaient grâce aux livres des Anciens qui ont écrit sur ces sujets, comme Théophraste, Dioscorides, Marinus, Pline, Nicander, Macer et Galien[1]. À pleines mains, ils emportaient au logis des plantes dont avait la charge un jeune page nommé Rhizotome[2] qui s'occupait aussi des binettes, pioches, serfouettes, bêches, tranchoirs et autres instruments nécessaires pour bien herboriser.

À leur retour, pendant qu'on apprêtait le dîner, ils répétaient quelques passages de ce qu'ils avaient lu et s'asseyaient à table. Notez ici que si son déjeuner était sobre et

---

[1] Ce sont tous des médecins et des naturalistes de l'Antiquité.
[2] Encore un nom symbolique : en grec, *rhizotome* signifie « coupeur de racines ».

frugal car il ne mangeait que pour calmer les cris de son estomac, son dîner était copieux et abondant car il prenait autant qu'il lui était nécessaire pour s'entretenir et se nourrir ; ce qui est le vrai régime prescrit par l'art d'une bonne et sûre médecine, quoiqu'un tas de sots médecins, rompus à la dispute dans les officines des sophistes, conseillent le contraire. Durant ce repas, ils continuaient la leçon du déjeuner autant qu'il leur semblait bon ; le reste était consommé en bons propos, tous cultivés et utiles.

Après avoir rendu grâces, ils s'occupaient à chanter avec un accompagnement musical, à jouer d'instruments harmonieux ou à ces petits passe-temps qu'on fait avec des cartes, des dés et des gobelets ; et ils demeuraient là, faisant bonne chère et s'amusant parfois jusqu'à l'heure de dormir. Parfois ils allaient dans les cercles de gens lettrés ou de gens qui avaient vu des pays étrangers. En pleine nuit, avant de se retirer, ils allaient à l'endroit le plus découvert de leur logis voir l'aspect du ciel, les comètes – si il y en avait –, les figures, situations, positions, oppositions et conjonction[1] des astres.

Puis, avec son précepteur, il récapitulait brièvement, à la manière des Pythagoriciens[2], tout ce qu'il avait lu, vu, su, fait et entendu au cours de la journée.

Alors ils priaient Dieu, le créateur, ils l'adoraient et confirmaient leur foi en Lui, et, le glorifiant pour son

---

1→ Tous ces termes sont des termes d'astronomie.
2→ Pythagore est un philosophe et mathématicien grec du VIe siècle avant notre ère.

immense bonté, ils lui rendaient grâces pour tout le temps passé et se recommandaient à sa divine clémence pour tout l'avenir.

Cela fait, ils allaient se reposer.

Chapitre 24

Comment Gargantua employait son temps quand l'air était pluvieux

S'il arrivait que le temps fût pluvieux ou peu clément, ils s'occupaient comme de coutume avant le déjeuner, sauf qu'ils faisaient allumer un beau feu clair pour combattre l'humidité de l'air. Mais, après déjeuner, au lieu de se livrer à des exercices, ils demeuraient à la maison et, pour prendre des forces, ils s'amusaient à mettre le foin en bottes, à fendre, à scier du bois, à battre le blé dans la grange. Puis ils étudiaient l'art de la peinture et de la sculpture ou remettaient en usage l'antique jeu des osselets, dont a traité Leonicus et auquel joue notre bon ami Lascaris[1]. En y jouant, ils révisaient des passages des auteurs anciens qui mentionnent ce jeu ou en tirent des métaphores.

---

[1] Leonicus était un humaniste italien, auteur d'un traité sur les osselets. Lascaris était un humaniste d'origine grecque, établi en France, ami de grands humanistes tels que Rabelais, Érasme et Budé, et bibliothécaire du roi François Ier. Le jeu des osselets est très ancien ; il en est fait mention chez certains auteurs de l'Antiquité, comme Aristophane.

De même, ils allaient voir comment on étirait les métaux ou comment on fondait les pièces d'artillerie ; ou ils allaient voir les lapidaires[1], les orfèvres, les tailleurs de pierres précieuses, les alchimistes, les monnayeurs, les tapissiers de haute lice, les tisserands, les veloutiers, les horlogers, les miroitiers, les imprimeurs, les facteurs d'orgue, les teinturiers et toute autre sorte d'ouvriers. Et, offrant partout du vin, ils s'instruisaient en regardant les activités créatrices des métiers[2].

Ils allaient écouter les leçons publiques, les actes solennels, les répétitions, les déclamations, les plaidoyers des nobles avocats, les sermons des prêcheurs évangéliques.

Il passait par les salles et les lieux aménagés pour l'escrime et, là, il essayait toutes les armes contre les maîtres et leur démontrait, par l'évidence, qu'il en savait autant voire plus qu'eux.

Et, au lieu d'herboriser, ils visitaient les boutiques des droguistes, herboristes et apothicaires et examinaient soigneusement les fruits, racines, feuilles, onguents exotiques et, en même temps, la façon dont on les transformait.

Il allait voir les comédiens de rues, les jongleurs et les charlatans ; il s'intéressait à leurs gestes, leurs ruses, leurs cabrioles et leurs belles paroles, spécialement ceux de Chauny en Picardie, car ils sont, par nature, beaux parleurs et bons fournisseurs de balivernes et d'attrape-nigauds.

1→ On nommait *lapidaires* les ouvriers capables de tailler les pierres, précieuses ou non (sauf le diamant, spécialement dur et taillé par les diamantaires), pour en faire des bijoux ou des objets d'art.
2→ Il s'agit de métiers manuels, habituellement méprisés par les intellectuels.

Revenus pour le dîner, ils mangeaient plus sobrement que les autres jours, des mets plus desséchants et amaigrissants, afin que l'humidité de l'air, communiquée au corps par une inévitable proximité, soit ainsi corrigée et ne les incommode pas, en l'absence de leurs exercices habituels[1].

Ainsi fut éduqué Gargantua. Il poursuivait cette méthode de jour en jour, et vous comprenez bien qu'il en tirait profit, comme peut faire un jeune homme sensé, en fonction de son âge. Et un exercice, qui lui semblait, au début, difficile, devenait si aisé, si léger et si délectable par la suite, qu'il ressemblait davantage à un passe-temps de roi qu'à l'étude d'un écolier.

Toutefois, pour le reposer de cette violente tension des esprits, Ponocrates choisissait, une fois par mois, un jour clair et serein où ils quittaient la ville, le matin, pour aller à Gentilly, à Boulogne ou à Montrouge, au pont de Charenton, à Vanves ou à Saint-Cloud. Là, ils passaient la journée à faire la plus grande chère qu'ils pouvaient imaginer, plaisantant, se réjouissant, buvant tant et plus, jouant, chantant, dansant, se vautrant dans quelque beau pré, dénichant des passereaux, prenant des cailles, pêchant des grenouilles et des écrevisses.

Mais, bien qu'une telle journée se fût passée sans livre, elle ne s'était pas passée sans profit : car, dans le beau pré, ils récitaient par cœur quelques jolis vers des *Géorgiques* de Virgile, d'Hésiode, du *Rustique* de Politien[2], ils compo-

---

1[→] Voir l'encadré sur la théorie des humeurs, p. 28.
2[→] Virgile est un poète latin du Ier siècle avant notre ère, Hésiode, un poète grec du VIIIe siècle avant notre ère et Politien, un humaniste italien. Son poème, *Le Rustique*, imite les *Géorgiques* de Virgile et *Des travaux et des jours* d'Hésiode.

Rabelais et l'éducation

Dans les chapitres 14 et 15, Rabelais se livre à une violente critique de l'éducation traditionnelle, nommée éducation scolastique. C'était l'éducation que l'on donnait dans les collèges puis à l'Université. Dans la première édition de *Gargantua*, au lieu d'employer le terme « sophistes », qui évoque avec mépris certains philosophes de l'Antiquité grecque, il parlait de précepteurs « sorbonnagres » c'est-à-dire qui enseignaient à la Sorbonne. Le suffixe *-agre* est très péjoratif. Sous la caricature très forte, il leur reproche un enseignement de matières inutiles et leur manque de pédagogie : l'enfant n'a pas accès aux textes intéressants mais à des commentaires de commentaires et surtout, il apprend sans rien comprendre. Ce genre d'enseignement n'épanouit pas l'élève et fait de lui un niais. Il ne le rend pas non plus très bon chrétien car la religion de Gargantua n'est qu'une récitation mécanique de prières ânonnées. De plus, aucune place n'est laissée à l'hygiène de vie. L'enseignement scolastique ne fait de Gargantua qu'une grosse marionnette. Face à cette éducation, Rabelais propose de développer le jugement et les qualités de l'enfant par une éducation nouvelle, humaniste. Que signifie ce terme ? Il renvoie au latin *humanitas* qui évoque la culture antique, dont on souhaite retrouver l'esprit authentique. L'éducation se réfère à la sagesse antique dont elle approche par la lecture des textes eux-mêmes, et elle y ajoute les arts et les sports, reprenant la formule latine *Mens sana in corpore sano*, « un esprit sain dans un corps sain ». Rabelais propose une culture encyclopédique, à la mesure d'un géant mais qui témoigne aussi de la soif de savoir des intellectuels humanistes. (Il n'y a qu'à se référer à l'éducation de Rabelais lui-même.) À la différence du Moyen Âge, l'homme et son environnement y tiennent une place très importante car, selon le mot de Léonard de Vinci, l'homme devient « la mesure de toutes choses ». Mais le contenu de cet enseignement ne suffit pas ; il faut être attentif à la pédagogie. Une relation de confiance et un échange doivent s'instaurer entre le maître et l'élève. Rabelais insiste sur la compréhension des textes, sur l'observation des phénomènes, sur l'incitation à la réflexion.

L'étudiant est mis en contact avec la vie réelle. Il ne méprise aucun savoir, même pas celui des artisans, les arts dits mécaniques, négligés par les intellectuels de l'époque. Enfin, Dieu n'est jamais absent de l'éducation car, comme le dit Rabelais, « science sans conscience (c'est-à-dire sans morale) n'est que ruine de l'âme ». Mais c'est une religion qui s'appuie sur la lecture et la compréhension de la Bible. C'est alors que l'amour de Dieu s'imposera à l'enfant qui pourra prier sincèrement.

saient quelques plaisantes épigrammes en latin puis les traduisaient en français, sous forme de rondeaux et de ballades.

Tout en banquetant, ils séparaient l'eau du vin coupé, à l'aide d'un gobelet de lierre, comme l'enseignent Caton (*De l'Agriculture*) et Pline. Ils diluaient le vin dans un plein bassin d'eau puis, l'en retirant avec un entonnoir, ils faisaient passer l'eau d'un verre à l'autre[1]. Ils construisaient plusieurs petits automates, c'est-à-dire des engins qui se meuvent eux-mêmes.

1➤ Caton est un moraliste et un homme politique romain, qui écrivit, entre autres, un traité d'agriculture. Les manipulations évoquées sont des expériences de physique, la dernière servant à montrer les propriétés du siphon.

Chapitre 25

Comment arriva entre les fouaciers de Lerné et les habitants du pays de Gargantua la grande querelle qui provoqua de grosses guerres

C'était la saison des vendanges, au commencement de l'automne. En ce temps-là, les bergers de la contrée étaient occupés à garder les vignes pour empêcher les étourneaux de manger les raisins. Au même moment, les fouaciers de Lerné[1] passaient le grand carrefour : ils apportaient à la ville dix à douze charges de fouace.

Les bergers leur demandèrent gentiment de leur en vendre, au prix du marché. Car c'est un délice, notez-le, de manger au déjeuner des raisins avec de la fouace fraîche. […] Les fouaciers refusèrent et, pire, les insultèrent gravement, les traitant de pauvres types, édentés, sales rouquins, coquins, chienlit, canailles, faux culs, fainéants, goinfres, gras du bide, fanfarons, vauriens, bouseux, gredins, parasites, bravaches, femmelettes, singes, feignasses, malotrus, crétins, nigauds, minables, bouffons, bêcheurs, traine-savates, gardiens de crottes, bergers de merde et autres méchancetés. Ils ajoutaient qu'ils n'étaient pas dignes de manger de ces belles fouaces mais qu'ils devaient se contenter de gros pain de son ou de seigle.

1→ La fouace est une sorte de pain brioché. Lerné est un village de Touraine, près de la maison d'enfance de Rabelais. À l'époque, ses fouaces étaient très réputées dans la région. Les fabricants et marchands de fouace se nommaient les « fouaciers ».

Un honnête et remarquable jeune homme, nommé Frogier, répondit paisiblement à ces insultes :

– Depuis quand vous a-t-il poussé des cornes, pour être devenus aussi arrogants que des taureaux ? Oui, d'habitude, vous nous donniez volontiers des fouaces et maintenant vous refusez ? Ce n'est pas le fait de bons voisins. Nous, nous n'agissons pas ainsi, quand vous venez nous acheter notre beau froment, dont vous faites vos gâteaux et vos fouaces. Et par-dessus le marché, nous vous aurions donné de nos raisins. Mais, par la mère de Dieu, vous pourriez bien vous en repentir et, un jour, vous aurez affaire à nous. Alors nous vous rendrons la pareille. Souvenez-vous-en !

Alors Marquet, grand bâtonnier[1] de la confrérie des fouaciers, lui dit :

– Vraiment, tu es fier comme un coq, ce matin ! Tu as mangé trop de millet[2] hier soir ? Viens ici, viens ici ; je t'en donnerai de ma fouace !

Et, naïvement, Frogier s'approcha et tira une pièce de sa ceinture, pensant que Marquet allait lui céder des fouaces. Mais c'est du fouet que celui-ci lui donna dans les jambes, et si rudement que le berger en eut des marques. Marquet voulut s'enfuir mais Frogier cria au meurtre et au secours, de toutes ses forces, en même temps, lui jeta un gros gour-

---

[1] Le bâtonnier est le porteur de bâton, c'est-à-dire l'homme le plus remarqué, donc le plus important d'une confrérie. L'équivalent serait, par exemple, le porteur de drapeau d'une délégation aux jeux Olympiques. Une confrérie était une association de gens d'un même métier.
[2] Le millet est une céréale dont on nourrit les volailles.

din qu'il tenait sous le bras. Et il l'atteignit à la jointure frontale de la tête, sur l'artère temporale, du côté droit, de sorte que Marquet tomba de sa jument ; il avait l'air plus mort que vif.

Cependant les métayers, qui, près de là, cueillaient des noix, accoururent avec leurs grandes gaules et frappèrent sur les fouaciers comme sur du seigle vert. Les autres bergers et bergères entendirent le cri de Frogier, vinrent avec leurs frondes et leurs lance-pierre et les poursuivirent à coups de pierres. Elles tombaient si dru qu'on aurait dit de la grêle. Finalement ils les atteignirent et prirent quatre à cinq douzaines de leurs fouaces. Toutefois ils les payèrent au prix habituel et ajoutèrent une centaine de noix et trois paniers de raisins blancs. Puis les fouaciers aidèrent à monter Marquet, qui était vilainement blessé, et s'en retournèrent à Lerné sans poursuivre le chemin vers Parillé, en menaçant fort et ferme les bouviers, bergers et métayers de Seuillé et de Cinais.

Bergers et bergères se régalèrent de ces fouaces et de bons raisins et s'amusèrent ensemble au son de la cornemuse, se moquant de ces beaux fouaciers glorieux, qui avaient fait une mauvaise rencontre, faute d'avoir fait le signe de croix de la bonne main, le matin. Et avec de gros raisins blancs, ils baignèrent si gentiment les jambes de Frogier qu'il fut bientôt guéri.

Chapitre 26

Comment les habitants de Lerné, sur ordre de Picrochole, leur roi, attaquèrent par surprise les bergers de Gargantua

Rentrés à Lerné, les fouaciers, sans même boire ni manger, se précipitèrent au Capitole et, là, devant leur roi Picrochole[1], troisième du nom, ils exposèrent leurs plaintes, montrèrent leurs paniers rompus, leurs bonnets froissés et leurs robes déchirées, les vides dans leur chargement de fouaces et, surtout Marquet, grièvement blessé. Ils dirent que tout avait été fait par les bergers et métayers de Grandgousier, près du grand carrefour, au-delà de Seuillé.

Immédiatement, le roi entra dans une colère folle et, sans demander davantage ni quoi ni comment, il fit convoquer à travers le pays le ban et l'arrière-ban[2]. Il exigea que, sous peine de pendaison, tous se rassemblent en armes sur la grand-place, devant le château, à l'heure de midi. Pour mieux assurer son entreprise, il fit battre tambour autour de la ville. Lui-même, pendant qu'on apprêtait son déjeuner, alla faire disposer ses canons sur leurs affûts, déployer ses enseignes et ses oriflammes et charger des réserves d'armes et de nourriture. En déjeunant, il répartit les commandements. Selon ses ordres, le seigneur

---

[1] Picrochole est un nom symbolique qui signifie « bile amère », c'est-à-dire, selon les conceptions médicales de l'époque, le bilieux, le coléreux.
[2] C'est une formule du Moyen Âge féodal, qui correspond à la mobilisation générale de notre époque.

Trepelu fut placé à la tête de l'avant-garde, qui comptait seize mille quatorze arquebusiers et trente-cinq mille onze mercenaires.

Le Grand Écuyer Toucquedillon fut affecté à l'artillerie où on comptait neuf cent quatorze grosses pièces de bronze : canons, doubles canons, basilics, serpentines, couleuvrines, bombardes, faucons, mortiers, spiroles[1] et autres pièces. L'arrière-garde fut donnée au duc de Racquedenare. Au milieu de la troupe se trouvaient le roi et les princes de son royaume.

Ainsi équipés rapidement, ils envoyèrent, avant de se mettre en route, trois cents chevau-légers, sous la conduite du capitaine Engoulevent[2], pour repérer le terrain et savoir s'ils ne rencontreraient pas d'embuscade dans le pays. Mais, après avoir soigneusement cherché, ils trouvèrent tous les environs paisibles et silencieux, sans le moindre rassemblement. À cette nouvelle, Picrochole commanda que chacun se mît rapidement en marche sous son enseigne.

Donc, sans organisation ni retenue, ils traversèrent les champs pêle-mêle, gâtant et détruisant tout sur leur passage, sans épargner ni pauvre ni riche, ni lieu sacré ni lieu profane. Ils emmenaient bœufs, vaches, taureaux, veaux, génisses, brebis, moutons, chèvres et boucs, poules, cha-

---

1→ Rabelais énumère des pièces d'artillerie, de tout calibre et plus ou moins récentes.
2→ Les noms des généraux de Picrochole ont tous un sens péjoratif : Trepelu signifie « loqueteux » ; Toucquedillon : « fanfaron » ; Raquedenare : « grippe-sou » ; Engoulevent : « gobe-vent ».

pons, poulets, oisons, jars, oies, porcs, truies, gorets. Ils gaulaient les noix, vendangeaient les vignes, emportaient les ceps, faisaient tomber tous les fruits des arbres. C'était un désordre incroyable et ils ne trouvaient personne qui leur résistât. Mais tous se rendaient et suppliaient qu'on les traitât plus humainement, eu égard à ce qu'ils avaient de tout temps été de bons et aimables voisins, sans jamais commettre ni excès ni outrage qui justifiât d'être subitement maltraités. Ils ajoutaient que Dieu les punirait bientôt !

Mais à ces remontrances, ils ne répondaient rien, sinon qu'ils allaient leur apprendre à manger de la fouace.

Chapitre 27

Comment un moine de Seuillé sauva le clos de l'abbaye du saccage des ennemis

Ils en firent tant, tourmentant, pillant et maraudant, qu'ils arrivèrent à Seuillé. Ils y détroussèrent hommes et femmes et prirent tout ce qu'ils purent : rien ne leur parut ni trop chaud ni trop pesant. Bien qu'il y eût la peste dans la plupart des maisons, ils entraient partout, volaient tout ce qui était à l'intérieur et jamais aucun ne courut de danger, ce qui est assez merveilleux ; car les curés, vicaires, prédicateurs, médecins, chirurgiens et apothicaires, qui allaient visiter, panser, guérir, sermonner et exhorter les malades, étaient tous morts de l'infection. Et ces diables pilleurs et meurtriers n'attrapèrent jamais le moindre mal ! Réfléchissez-y, je vous en prie.

Après avoir ainsi pillé le bourg, ils se rendirent jusqu'à l'abbaye dans un horrible tumulte mais ils la trouvèrent bien fermée et verrouillée. Alors le gros de la troupe la dépassa et marcha en direction du gué de Vède. Il ne resta là que sept compagnies de fantassins et deux cents lances[1], qui rompirent les murailles du clos pour dévaster toute la récolte de raisin.

Les pauvres diables de moines ne savaient plus auquel de leurs saints se vouer. À tout hasard, ils firent sonner *ad capitulum capitulantes*[2]. On décréta alors de faire une belle procession, renforcée de beaux psaumes et litanies *contra hostium insidias*[3], avec de beaux répons *pro pace*.

Il y avait alors à l'abbaye un moine cloîtré, nommé Frère Jean de Entommeures[4] : jeune, gaillard, vif, gai, adroit, hardi, aventureux, résolu, grand, maigre, bien fendu de gueule, bien avantagé en nez, beau dépêcheur d'oraisons, beau débrideur de messes, beau décrotteur de prières. En bref, un vrai moine, s'il en fut, depuis que le monde moinant moina de moinerie. Pour le reste, clerc jusqu'au bout des ongles en matière de bréviaire.

1→ Une lance signifie « un groupe d'hommes autour d'un chevalier porte-lance ».

2→ En latin : cette sonnerie appelle à la réunion les moines qui ont voix au chapitre, c'est-à-dire qui ont le droit de prendre des décisions.

3→ En latin : « contre les pièges de l'ennemi », puis « en faveur de la paix ».

4→ Le mot *entommeures* est forgé sur le patois angevin et signifie « hachis ». Est-ce pour évoquer l'appétit du moine ou sa combativité ?

En entendant du bruit dans le clos de leur vigne, il sortit pour voir ce que faisaient les ennemis. Et il s'aperçut qu'ils vendangeaient le clos qui devait produire leur boisson pour toute une année. Il s'en retourne dans le chœur de l'église où les autres moines restaient abasourdis comme des fondeurs de cloches[1] et il les vit qui chantaient :

– *Ini, nim, pe, ne, ne, ne, ne, ne, ne, tum, ne num, num, ini, i, mi, i, mi, co, o, ne, no, o, o, ne, no, ne, no, no, no, rum, ne, num, num*[2]…

– C'est, dit-il bien chien chanté ! Mais, Vertu Dieu, que ne chantez-vous :

« Adieu paniers, vendanges sont faites » ?

Je me donne au diable s'ils ne sont pas dans notre clos à couper tant de ceps et de raisins que, par le corps Dieu, il n'y aura plus rien à grappiller pendant quatre ans. Ventre saint Jacques ! Et que boirons-nous pendant tout ce temps, nous autres, pauvres diables ? Seigneur Dieu, *da mihi potum*[3].

– Que fait ici cet ivrogne ? Qu'on le mène en prison, dit alors le Prieur. Troubler ainsi le service divin !

– Oui, dit le moine, mais le service du vin ? Faisons en sorte qu'il ne soit pas troublé ; car vous-même Monsieur le Prieur, vous aimez boire, et du meilleur ! C'est ce que fait tout homme de bien. Jamais homme noble ne hait le bon

---

1→ Voir *Pantagruel*, chap. 29, note 1, p. 228.
2→ *Impetum inimicorum ne timueritis* : « Ne craignez pas l'attaque des ennemis. » Il s'agit d'une phrase de prière. Ce que leur oppose Frère Jean est le refrain d'une chanson populaire de l'époque.
3→ En latin : « Donne-moi à boire. »

vin. C'est un précepte de moine. Quant aux prières que vous chantez ici, elles ne sont, par Dieu, point de saison. [...] Écoutez, Messieurs, vous qui aimez le vin, par le corps Dieu, suivez-moi ! Et, allons-y ! Que Saint Antoine me brûle s'ils osent boire un coup, ceux qui ne seront pas venus au secours de la vigne ! Ventre Dieu, les biens de l'Église ! Ah, non, non, diable ! Saint Thomas l'Anglais[1] accepta de mourir pour eux ; et moi, si je mourais, je deviendrais saint, moi aussi ? Mais je n'y mourrai pas car c'est moi qui vais les expédier.

Sur ces mots, il mit bas son grand habit et se saisit du bâton de la croix, qui était en cœur de cormier, long comme une lance, arrondi et bien en main et décoré de fleurs de lys, toutes presque effacées. Puis il sortit, avec sa belle chemise, remonta son froc[2] en écharpe et, du bâton de sa croix, frappa brusquement les ennemis qui, sans ordre ni enseigne, sans tambour ni trompette vendangeaient le clos : les porte-drapeaux et les porte-enseignes avaient posé leurs drapeaux et leurs enseignes contre les murs ; les tambours avaient défoncé leurs instruments d'un côté pour les remplir de raisin, les trompettes étaient chargées de pampres ; tous avaient rompu les rangs. Il les cogna donc si raide, sans crier gare, qu'il les renversait comme des porcs, frappant à tort et à travers, à l'ancienne mode.

1→ Il s'agit de Thomas Beckett (1118-1170), archevêque de Canterbury, assassiné par le roi d'Angleterre parce qu'il défendait les privilèges de l'Église face à la royauté.

2→ C'est la partie de l'habit des moines qui couvre la tête, les épaules et la poitrine. La chemise était un vêtement de dessous, en lin ou en chanvre, généralement blanc, qui descendait jusqu'aux pieds.

Aux uns, il écrabouillait la cervelle ; à d'autres, il rompait bras et jambes ; à d'autres, il disloquait les vertèbres du cou ; aux autres, il brisait les reins, écrasait le nez, pochait les yeux, fendait les mandibules, enfonçait les dents dans la gueule, défonçait les omoplates, meurtrissait les jambes, déboîtait les hanches, démolissait les os.

Si quelqu'un voulait se cacher au plus épais des ceps, il lui brisait l'arête du dos et lui cassait les reins comme à un chien. Si l'un voulait fuir pour se sauver, il lui faisait voler la tête en morceaux par la commissure lambdoïde[1]. Si quelqu'un grimpait à un arbre, pensant y être en sûreté, de son bâton, il l'empalait par le fondement. Si une vieille connaissance lui criait :

– Ah, Frère Jean, mon ami Frère Jean, je me rends !

– Tu y es bien obligé, disait-il. Mais en même temps, tu rendras ton âme à tous les diables ! Et aussitôt, il l'escagassait.

Et, si quelqu'un était assez téméraire pour lui résister en face, c'est là qu'il montrait la force de ses muscles : il lui traversait la poitrine par le médiastin et par le cœur. Pour d'autres, il les frappait entre les côtes, leur transperçait l'estomac et ils mouraient aussitôt. À d'autres, il frappait si sauvagement le nombril qu'il leur faisait sortir les tripes. Aux autres, il leur transperçait les couillons puis le boyau du cul. Croyez bien que c'était le plus horrible spectacle qu'on eût jamais vu.

1→ N'oublions pas que Rabelais était médecin ! Il s'amuse à introduire dans son discours des termes savants, que Frère Jean devrait ignorer. Ici, il évoque la jonction de deux os du crâne. Plus loin, le médiastin est la partie centrale du thorax, entre les deux poumons.

Les uns criaient : sainte Barbe !

Les autres : saint Georges !

Les autres : sainte Nitouche !

Les autres : Notre Dame de Cunault ! de Lorette ! de Bonnes Nouvelles ! de la Lenou ! de Rivière[1] !

Les uns se vouaient à saint Jacques ;

Les autres, au saint suaire de Chambéry mais il brûla trois mois après, au point qu'on ne put en sauver un seul brin ;

D'autres, à Cadouin[2] ;

D'autres, à saint Jean d'Angély ;

Les autres, à sainte Eutrope de Saintes, à saint Mesmes de Chinon, à saint Martin de Candes, à saint Clouaud de Cinais, aux reliques de Javrezay[3] et mille autres bons petits saints.

Les uns mouraient sans parler ; les autres parlaient sans mourir. Les uns mouraient en parlant, les autres parlaient en mourant. D'autres criaient à haute voix :

– Confession ! Confession ! *Confiteor ! Miserere ! In manus*[4] !

1→ Ce sont des abbayes célèbres, qui honoraient la Vierge Marie.
2→ Chambéry et Cadouin, près de Bergerac, s'enorgueillissaient de posséder une célèbre relique : le saint suaire. C'était un drap, censé avoir enveloppé le corps du Christ au tombeau et avoir gardé la marque de son corps. Le saint suaire de Chambéry brûla le 4 décembre 1532. De toute façon, il ne peut y avoir plusieurs saints suaires, donc Rabelais est ironique. Pour connaître son opinion sur les reliques et sur les invocations aux saints, voir l'encadré sur la religion de Rabelais, p. 121.
3→ Rabelais énumère les reliques honorées dans l'ouest de la France.
4→ Les prières étaient dites en latin : *Confiteor* signifie « je me confesse », c'est-à-dire « j'avoue mes péchés à Dieu », *Miserere* signifie « Ayez pitié de moi » et *In manus*, « [Je me remets] entre vos mains [mon Dieu] ».

Les cris des blessés étaient si forts que le prieur de l'abbaye sortit avec tous ses moines. Quand ils aperçurent ces pauvres gens ainsi abattus dans la vigne et blessés à mort, ils en confessèrent quelques-uns. Mais pendant que les prêtres s'occupaient à confesser, les petits moinillons coururent à l'endroit où était Frère Jean et lui demandèrent en quoi il voulait être aidé. Il leur répondit d'égorger ceux qui étaient couchés par terre. Laissant donc leurs grandes capes sur la treille la plus proche, ils commencèrent à égorger et achever ceux qu'il avait déjà blessés. Et savez-vous avec quels outils ? Avec de simples canifs, ces petits couteaux avec lesquels les petits enfants de notre pays fendent les coques vertes des noix.

Puis, avec son seul bâton de croix, Frère Jean gagna la brèche qu'avaient faite les ennemis. Certains des moinillons emportèrent les enseignes et les drapeaux dans leur chambre pour en faire des jarretières. Mais, quand les survivants, confessés, voulurent sortir par cette brèche, le moine les assomma de coups en disant :

Ceux-ci sont confessés et repentants ; ils ont gagné le pardon : ils s'en vont au paradis, aussi droit qu'une faucille et que le chemin de Faye[1].

Ainsi, grâce à ses prouesses, furent déconfits tous les soldats de l'armée, qui étaient entrés dans le clos, au nombre de treize mille six cent vingt-deux.

1↦ Ironique ! La lame d'une faucille est courbe et le chemin de Faye-la-Vineuse, dans les environs de Chinon, était très tortueux. Rabelais fait un jeu de mots entre Faye et foi, deux mots qui, à l'époque, se prononçaient presque de la même manière, c'est-à-dire « fé ».

Jamais l'ermite Maugis, ainsi qu'il est écrit dans l'épopée des quatre fils Aymon[1], ne frappa autant les Sarrasins avec son bourdon[2], que ne fit le moine, contre des ennemis, avec le bâton de la croix.

Chapitre 28

Comment Picrochole prit d'assaut La Roche-Clermault. Avec quels regrets et quelle difficulté Grandgousier commença la guerre

Pendant que le moine, comme nous l'avons dit, s'escarmouchait contre ceux qui étaient entrés dans le clos, en grande hâte, Picrochole passa le gué de Vède avec ses gens et assaillit La Roche-Clermault[3] où on ne lui opposa aucune résistance. Et, parce qu'il faisait déjà nuit, il décida d'y loger, lui et ses gens, et de calmer sa crise de colère.

Au matin, il prit d'assaut les remparts et la forteresse qu'il renforça très soigneusement. Il la pourvut des

---

1→ *Les Quatre Fils Aymon* est un roman de chevalerie, écrit au XIIe siècle et souvent imprimé au XVIe siècle. Maugis en est un des personnages : c'est un moine guerrier, cousin des quatre frères, qui lutta avec eux contre les hérétiques.
2→ On appelle *bourdon* le long bâton des pèlerins.
3→ La Roche-Clermault était une place forte près de la maison natale de Rabelais, au sud-est de Chinon.

réserves nécessaires car il pensait en faire son abri, s'il était assailli par ailleurs. En effet l'endroit était fortifié, aussi bien par la main de l'homme que par nature, en raison de sa situation et de sa position.

Or laissons-le là et retournons à notre bon Gargantua, qui est à Paris, bien assidu à l'étude des belles-lettres et aux exercices sportifs et au vieux bonhomme Grandgousier, son père, qui, après dîner, se chauffe les couilles à un grand feu, clair et beau et qui, en attendant que grillent les châtaignes, écrit dans l'âtre, avec le bâton brûlé à un bout dont on tisonne le feu, en racontant à sa femme et à sa famille de beaux contes du temps jadis.

C'est alors qu'un des bergers qui gardaient les vignes, un dénommé Pillot, vint auprès de lui, lui rapporter en détail à quels excès et pillages se livrait, sur ses terres et domaines, Picrochole, roi de Lerné, et comment il avait pillé, endommagé et saccagé tout le pays, excepté le clos de Seuilly que Frère Jean des Entommeures avait sauvé avec honneur. À présent le roi était à La Roche-Clermault qu'il fortifiait rapidement.

– Hélas, hélas ! dit Grandgousier. Qu'est-ce que cela veut dire, bonnes gens ? Je rêve ? Ou bien tout ceci est-il vrai ? Picrochole, mon vieil ami de toujours, lié à moi par le sang et les alliances, vient ici m'attaquer ? Qui le pousse ? Quelle mouche le pique ? Qui le conduit ? Qui l'a conseillé ainsi ? Ho ! Ho ! Ho ! Ho ! Ho ! Mon Dieu, mon Sauveur, aide-moi, inspire-moi, conseille-moi sur ce que je dois faire ! Je l'affirme, je le jure devant toi – puisses-tu m'être favorable – jamais je ne lui ai fait de déplaisir, jamais je n'ai causé de dommage à ses sujets, jamais je n'ai pillé ses terres. Mais au contraire, je l'ai secouru par des gens, de l'argent, des faveurs et des conseils, chaque fois que j'ai pu savoir ce qui l'aiderait. Pour m'avoir outragé à ce point, ce ne peut être que sous l'empire du Malin. Dieu de bonté, tu connais mon cœur car on ne peut rien te cacher : si par hasard il était devenu fou furieux et que tu me l'aies envoyé pour lui remettre le cerveau en place, accorde-moi assez de pouvoir et de savoir pour le ramener à de bonnes dispositions, sous l'empire de ta sainte volonté.

Ho ! Ho ! Ho ! Mes bonnes gens, mes amis, mes loyaux serviteurs, faudra-t-il que je vous cause le souci de m'aider ? Hélas ! Ma vieillesse ne demandait dorénavant que du repos et, toute ma vie, je n'ai cherché que la paix. Mais il faut, je le vois bien, que maintenant je charge d'une armure mes pauvres épaules lasses et faibles et qu'en ma main tremblante, je prenne la lance et la masse pour secourir mes pauvres sujets. La raison le commande car c'est leur labeur qui m'entretient et c'est leur sueur qui nous nourrit, moi, mes enfants, ma famille.

Malgré tout, je n'entreprendrai pas la guerre sans avoir essayé tous les procédés et les moyens pour préserver la paix. Voilà ce que je décide.

Alors il convoqua son conseil et exposa la situation : il fut conclu qu'on enverrait un homme avisé demander à Picrochole pourquoi il avait si subitement renoncé à son repos et envahi des terres sur lesquelles il n'avait aucun droit ; et, de plus, qu'on irait chercher Gargantua et ses gens, afin de soutenir le pays et de parer à cette nécessité.

Le tout convint à Grandgousier et il commanda qu'ainsi fût fait.

Et, sur le champ, il envoya Le Basque[1], son laquais, chercher en toute hâte Gargantua à qui il avait écrit ce qui suit :

Chapitre 29

La lettre que Grandgousier écrivit à Gargantua

« L'ardeur que tu mets à tes études aurait exigé que je n'interrompe pas avant longtemps ces studieux loisirs philosophiques ; mais, aujourd'hui, je suis privé de la tranquillité de ma vieillesse : nos amis et alliés de longue date ont trahi ma confiance. Mais puisqu'une fatale destinée veut que je sois inquiété par ceux sur lesquels je me reposais le plus, je suis forcé de te rappeler pour secourir les gens et les biens qui te sont confiés par droit naturel. […]

« Mon intention n'est pas de provoquer mais d'apaiser ; ni d'attaquer mais de défendre ; ni de conquérir mais de garder mes loyaux sujets et mes terres héréditaires, où Picrochole est entré en ennemi, sans cause ni raison et où il poursuit de jour en jour son entreprise insensée et ses excès intolérables pour des personnes nées libres.

1➤ Les domestiques étaient souvent appelés par le nom de leur province d'origine. Or les Basques étaient réputés être de rapides coureurs.

« Je me suis mis en devoir de modérer sa colère tyrannique en lui offrant tout ce qui, à mon avis, pouvait le contenter. Et, à plusieurs reprises, en ami, je lui ai dépêché un ambassadeur pour comprendre en quoi, par qui et comment il se sentait outragé. Mais je n'ai pas eu d'autre réponse que la volonté de me défier en prétendant avoir des droits sur mes terres. Cela m'a convaincu que Dieu l'Éternel l'a abandonné, le laissant se gouverner par son libre arbitre et son seul jugement. Or celui-ci ne peut être que mauvais, s'il n'est pas guidé continuellement par la grâce divine. Et Dieu me l'a envoyé, sous de funestes auspices, pour que je le maintienne dans le sentiment du devoir et que je le ramène à la raison.

« Alors, mon fils bien-aimé, dès que possible après la lecture de cette lettre, reviens en hâte secourir, non pas tant moi-même (ce que, toutefois, la piété filiale te commande), mais tes sujets, que tu dois sauver et protéger. Cet exploit devra être accompli en versant le moins de sang possible. Et, s'il se peut, grâce à des moyens plus efficaces, des stratagèmes et des ruses de guerre, nous sauverons tous les hommes et les renverrons, joyeux, à leur domicile.

« Très cher fils, la paix du Christ, notre rédempteur, soit avec toi.

Salue Ponocrates, Gymnaste et Eudémon de ma part.

Ce vingt septembre,
Ton père, Grandgousier. »

Chapitre 30

Comment Ulrich Gallet fut envoyé auprès de Picrochole

Chapitre 31

Le plaidoyer fait par Gallet à Picrochole

Par la voix de son ambassadeur, Grandgousier reproche à Picrochole d'avoir brisé une ancienne amitié et d'avoir rompu leur alliance.

[...] Quelle furie t'amène aujourd'hui à briser toute alliance, à fouler aux pieds toute amitié, à outrepasser le droit, pour envahir ses terres en ennemi sans avoir été en rien lésé, irrité ni provoqué ? Où est la foi ? Où est la raison ? Où est l'humanité ? Où est la crainte de Dieu ? [...]

Ulrich Gallet menace Picrochole d'un châtiment divin et lui prédit l'effondrement de cette entreprise injuste. Il lui rappelle les devoirs d'un bon roi et exige qu'il quitte ses terres en payant un dédommagement et laissant ses généraux en otages.

Chapitre 32

Comment Grandgousier, pour acheter la paix, fit rendre les fouaces

Mais le discours de Gallet ne provoque d'autre réponse qu'une injure et une allusion aux fouaces. Averti, Grandgousier, que Gallet trouve en train de prier pour que Dieu l'éclaire, décide de faire une dernière tentative pour éviter la guerre : il rendra les fouaces au centuple, dédommagera largement Marquet. Il prend lui-même la tête de l'ambassade. Mais Picrochole ne veut pas les recevoir et confie ce soin à Toucquedillon.

[…] Alors ce brave Grandgousier lui dit :

– Seigneur, afin d'arrêter cette dispute et de supprimer tout prétexte pour ne pas revenir à notre alliance première, nous vous rendons à présent les fouaces à l'origine de notre différend. Nos gens en prirent cinq douzaines et elles furent très bien payées. Mais nous aimons tant la paix que nous en rendons cinq charrettes et celle-ci sera pour Marquet, qui se plaint le plus. En outre, pour le contenter entièrement, voilà sept cent mille et trois philippus[1] que je lui verse et, pour les intérêts auquel il pourrait prétendre, je lui cède la métairie de la Pomardière[2], exempte de droits

---

1→ Monnaie d'or.
2→ C'était le nom d'une propriété de la famille Rabelais, près de Seuillé.

et d'impôts, à perpétuité pour lui et les siens. Voyez ici le contrat de la transaction. Et, pour l'amour de Dieu, vivons dorénavant en paix. Retirez-vous en vos terres joyeusement et rendez cette place forte à laquelle vous n'avez aucun droit, comme vous le reconnaissez bien. Et soyons amis comme avant.

Toucquedillon raconta tout à Picrochole et il cracha son venin :

– Ces rustres ont une belle peur ! Pardieu, il se chie dessus, Grandgousier, le pauvre buveur ! Partir en guerre, ce n'est pas son affaire. Il est plus doué pour vider les bouteilles. Je suis d'avis que nous gardions les fouaces et l'argent. Pour le reste, hâtons-nous de fortifier ces murs et poursuivons notre destin. Pensent-ils donc avoir affaire à une dupe, de vous repaître de ces fouaces ? Voilà ce que c'est : les bons traitements et la grande familiarité que vous leur avez auparavant montrés vous ont rendu méprisable à leurs yeux. « Oignez vilain, il vous poindra. Poignez vilain, il vous oindra.[1] »

– Là, là, là, dit Picrochole. Par saint Jacques, ils vont déguster ! Faites comme vous avez dit.

– Mais, répondit Toucquedillon, je dois vous avertir d'une chose : nous sommes assez mal ravitaillés et pauvres en provisions de bouche. Si Grandgousier nous assiégeait,

---

[1] C'est un très ancien proverbe, encore utilisé de nos jours. Il signifie « Flattez (au sens propre, *oindre* signifie « passer de la pommade ») un pauvre paysan, il vous piquera, piquez-le, il vous flattera » : un rustre répond par de mauvais procédés à la gentillesse, mais il sera charmant si vous êtes dur avec lui.

j'irais tout de suite me faire arracher toutes les dents, sauf trois. Et de même pour vos gens. Mais, rien qu'avec celles-ci, nous ne serons que trop rapides à manger nos provisions.

– Nous n'aurons que trop de mangeaille, dit Picrochole. Sommes-nous ici pour manger ou pour batailler?

– Pour batailler, certes, dit Toucquedillon. Mais « La panse mène la danse » et « D'où règne la faim, est bannie la force[1]. »

– Toujours bavarder! dit Picrochole. Saisissez ce qu'ils ont amené.

Ils prirent donc argent et fouaces, bœufs et charrettes, et renvoyèrent la délégation sans mot dire, excepté qu'ils n'approchent plus aussi près, pour la raison qu'on leur dirait le lendemain. Ainsi, sans rien faire, ils retournèrent vers Grandgousier et lui racontèrent tout, ajoutant qu'il n'y avait aucun espoir de les amener à la paix, sinon par une vive et forte guerre.

1→ Encore deux proverbes de l'époque.

Chapitre 33

Comment certains conseillers de Picrochole le jetèrent dans un extrême péril par leur précipitation

Après avoir dérobé les fouaces, le duc de Ménuail, le comte Spadassin[1] et le capitaine Merdaille comparurent devant Picrochole et lui dirent :

– Sire, aujourd'hui nous allons faire de vous le prince le plus heureux et le plus chevaleresque qui soit, depuis Alexandre de Macédoine[2].

– Couvrez-vous, couvrez-vous[3], dit Picrochole.

– Grand merci, Sire, mais nous connaissons notre devoir. Voici ce que nous proposons : vous laisserez ici un capitaine en garnison, avec une petite troupe pour garder la place, qui nous paraît assez forte, tant par nature que grâce aux remparts faits selon votre invention. Vous diviserez votre armée en deux ; vous comprenez bien pourquoi : une partie ira se ruer sur ce Grandgousier et ses gens. Et, au premier assaut, il sera facilement vaincu.

Là, vous récupérerez des masses d'argent car le vilain a du liquide ; vilain[4], disons-nous, parce qu'un noble prince n'a jamais un sou. Amasser des trésors, c'est réservé au vilain.

1→ *Ménuail* signifie « canaille » et *spadassin*, « tueur à gages ».
2→ Au IVᵉ siècle avant notre ère, Alexandre, roi de Macédoine, fonda un immense empire. On le nomma Alexandre le Grand.
3→ Les généraux ont enlevé leur chapeau par respect pour leur souverain. En leur demandant de le remettre, Picrochole montre l'estime qu'il a pour eux.
4→ On nommait *vilain*, à cette époque, un homme qui n'était pas noble ; en général un paysan.

Pendant ce temps, l'autre partie se dirigera vers l'Aunis, la Saintonge, l'Angoumois et la Gascogne et aussi vers le Périgord, le Médoc et les Landes. Sans résistance, ils prendront villes, châteaux et forteresses. À Bayonne, Saint-Jean de-Luz et Fontarabie, vous saisirez tous les navires et, en longeant la côte vers la Galice et le Portugal, vous pillerez toutes les contrées maritimes jusqu'à Lisbonne où vous aurez en renfort tout l'équipage qui convient à un conquérant. Corbleu! L'Espagne se rendra car ce ne sont que des lourdauds. Vous passerez par le détroit de Gibraltar et, là, vous dresserez deux colonnes plus magnifiques que celles d'Hercule[1], pour conserver le souvenir de votre nom.

Et ce détroit sera nommé « mer picrocholine ». Passée la mer picrocholine, voici Barberousse[2] qui devient votre esclave.

– Je lui ferai grâce, dit Picrochole.

– Oui, dirent-ils, pourvu qu'il se fasse baptiser. Et vous attaquerez les royaumes de Tunis, d'Hippone, d'Alger, de Bône, de Cyrène et, hardiment, toute la Barbarie[3]. Passant outre, vous tiendrez dans vos mains Majorque, Minorque, la Sardaigne, la Corse et les autres îles du golfe de Gênes et

---

1- Un mythe grec disait qu'Hercule, le héros à la force légendaire, avait ouvert un passage aux eaux de l'océan, en séparant deux monts qu'on nomma les colonnes d'Hercule. Mais ces deux colonnes évoquaient l'emblème de Charles Quint (1500-1558), roi d'Espagne et de Sicile, empereur d'Allemagne, le grand ennemi du roi de France, François Ier. Elles symbolisaient l'immensité de ses conquêtes. Rabelais évoque ce souverain à travers le personnage de Picrochole et son désir de conquêtes.
2- Amiral ottoman (c'est-à-dire turc), souverain d'Alger, allié de François Ier contre Charles Quint. C'était un musulman.
3- C'est ainsi qu'on nommait l'Afrique du Nord, du Maroc à la Libye, le pays des Barbares (ou Berbères).

des Baléares. En longeant les côtes à gauche, vous dominez toute la Gaule narbonnaise, la Provence, le pays des Allobroges, Gênes, Florence, Lucques et, adieu Rome ! Le pauvre Monsieur le Pape meurt déjà de peur.

– Ma foi, dit Picrochole, je n'embrasserai pas sa pantoufle[1].

– L'Italie prise, voilà Naples, la Calabre, les Pouilles et la Sicile pillées et Malte avec. Ah ! Je voudrais bien que ces plaisants chevaliers, jadis rhodiens[2], vous résistent pour voir ce qu'ils ont dans le ventre.

– J'irais volontiers à Lorette[3], dit Picrochole.

– Non, non, dirent-ils, ce sera au retour. De là, nous prendrons Candie, Chypre, Rhodes et les îles Cyclades, et nous nous ruerons sur la Morée[4]. Nous la tenons, par saint Treignan ! Que Dieu garde Jérusalem, car le Soudan n'est pas comparable à votre puissance !

– Je ferai donc rebâtir le temple de Salomon.

– Pas encore, attendez un peu. Ne soyez jamais si pressé dans vos entreprises. Savez-vous ce que disait Auguste[5] ? Hâte-toi lentement. D'abord vous devez conquérir l'Asie Mineure, la Carie, la Lycie, la Pamphilie, la Cilicie, la Lydie, la Phrygie, la Mysie, la Bithynie, Carrasie, Adalia, Samagarie, Kastamoun, Luga, Sébasta[6], jusqu'à l'Euphrate.

1→ C'était le signe du respect qu'on devait au pape.
2→ Ils avaient été chassés de Rhodes par les Turcs, dont le pays était proche de cette île.
3→ Célèbre lieu de pèlerinage en Italie.
4→ Il s'agit d'îles grecques (Candie, c'est la Crète) et du Péloponnèse (la Morée).
5→ Fils adoptif de Jules César, il fut le premier empereur romain (de 67 à 14 avant notre ère).
6→ Énumération de provinces et de villes d'Asie Mineure, dont certaines nous sont inconnues.

– Verrons-nous, dit Picrochole, Babylone et le mont Sinaï ?

– Ce n'est pas indispensable pour le moment. N'avez-vous pas eu assez de souci à traverser la mer Caspienne, chevaucher les deux Arménies et les trois Arabies ?

– Ma foi, nous sommes affolés ! Ah, pauvres de nous !

– Quoi ?

– Que boirons-nous dans ces déserts ? Car l'empereur Julien[1] et toute son armée y moururent de soif, à ce que l'on dit.

– Nous avons déjà donné ordre à tout, répondirent-ils. Dans la mer de Syrie, vous avez neuf mille quatorze grands navires, chargés des meilleurs vins du monde. Ils sont arrivés à Jaffa. Là se trouvaient deux millions deux cent mille chameaux et seize cents éléphants, que vous aurez attrapés à la chasse, aux environs de Sidjilmassa, quand vous êtes entré en Libye. De plus, vous avez pris toute la caravane de La Mecque. Ne vous ont-ils pas fourni assez de vin ?

– Oui mais nous n'avons pas bu frais.

– Enfin, nom d'un petit poisson ! Un preux, un conquérant, un prétendant qui aspire à l'empire de l'univers ne peut toujours avoir ses aises ! Remerciez déjà Dieu d'être arrivés sains et saufs, vous et vos gens, jusqu'au fleuve du Tigre.

– Mais, dit Picrochole, que fait, pendant ce temps, la part de notre armée qui a vaincu ce vilain ivrogne de Grandgousier ?

– Ils ne chôment pas, dirent-ils. Nous les rencontrerons bientôt. Ils vous ont pris la Bretagne, la Normandie, les

---

1► L'empereur de Rome, Julien dit l'Apostat, mourut en 363, lors d'une expédition contre les Parthes, un peuple installé au sud-ouest de la mer Caspienne.

Flandres, le Hainaut, le Brabant, l'Artois, la Hollande, la Zélande. Ils ont passé le Rhin, sur le ventre des Suisses et des Lansquenets[1]. Une partie d'entre eux a soumis le Luxembourg, la Lorraine, la Champagne et la Savoie jusqu'à Lyon. Là, ils ont retrouvé vos garnisons, qui revenaient de leurs conquêtes navales en Méditerranée. Ils se sont rassemblés en Bohème, après avoir mis à sac la Souabe, le Wurtemberg, la Bavière, l'Autriche, la Moravie et la Styrie. Puis ils se sont lancés farouchement sur Lubeck, la Norvège, la Suède, le Danemark, la Gothie, le Groenland, les villes hanséatiques, jusqu'à la mer Arctique. Ensuite, ils ont conquis les îles Orcades et mis sous leur botte l'Écosse, l'Angleterre et l'Irlande. De là, naviguant sur la mer Baltique et la mer des Sarmates, ils ont vaincu et dominé la Prusse, la Pologne, la Lituanie, la Russie, la Valachie, la Transylvanie, la Hongrie, la Bulgarie, la Turquie et ils sont à Constantinople.

– Allons les rejoindre au plus tôt, dit Picrochole, car je veux être aussi empereur de Trébizonde. Ne tuerons-nous pas tous ces chiens de Turcs et de Mahométans ?

– Et comment donc ! Et vous donnerez leurs biens et leurs terres à ceux qui vous ont servi loyalement.

– La raison le veut, répondit-il. C'est justice. Je vous donne la Caramanie, la Syrie et toute la Palestine.

– Ah, Sire, vous êtes bien bon. Grand merci ! Que Dieu vous fasse toujours bien prospérer.

1► Les Suisses et les Lansquenets étaient des mercenaires, qui se mettaient au service du souverain qui acceptait de les payer. Ils formèrent longtemps une partie de l'armée française.

Il y avait là un vieux gentilhomme, nommé Échéphron[1], qui avait fait ses preuves dans diverses aventures, un vieux routier de la guerre. Entendant ces propos, il dit :

— J'ai bien peur que cette entreprise ne ressemble à la farce du pot au lait, dans laquelle un cordonnier s'enrichissait en rêve. Puis, le pot cassé, il n'eut même pas de quoi dîner[2]. Que cherchez-vous par ces belles conquêtes ? Quelle sera la fin de tant de travaux et de souffrances ?

— Eh bien, dit Picrochole, nous reviendrons et nous reposerons à notre aise.

Alors Échéphron reprit :

— Et si, par hasard, vous n'en reveniez jamais… Car le voyage est long et dangereux. Ne vaudrait-il pas mieux nous reposer dès maintenant, sans nous exposer à tous ces hasards ?

— Oh ! Pardieu, dit Spadassin, voici un bel idiot ! Allons donc nous cacher au coin de la cheminée et là, passons notre temps avec les dames, à enfiler des perles ou à filer comme Sardanapale[3]. Qui ne risque rien, n'a ni cheval ni mule, a dit Salomon.

— Oui, dit Échéphron, mais qui risque trop, perd cheval et mule : voilà ce qu'a répondu Marcoul[4].

1→ Son nom, symbolique, signifie en grec « prudent ».
2→ La Fontaine en fera la fable « La laitière et le pot au lait » (*Fables*, VII, 10).
3→ Sardanapale, souverain assyrien mythique, passait pour un débauché vivant dans le luxe et manquant des qualités viriles nécessaires à un roi. Filer la laine était une occupation typiquement féminine.
4→ Dans la Bible, Salomon représente la sagesse. Mais on avait écrit au Moyen Âge *Les Dialogues de Marcoul et Salomon* dans lequel le bon sens de Marcoul l'emporte sur la sagesse de Salomon. C'est à ce texte que se réfère Échéphron.

– Basta ! dit Picrochole. Passons outre[1]. Je ne crains que ces diables de légions de Grandgousier. Pendant que nous sommes en Mésopotamie, s'ils nous frappaient sur la queue, quel remède ?

– C'est très simple, dit Merdaille : un beau petit ordre de mobilisation, que vous enverrez aux Moscovites, vous mettra en campagne, en un instant, quatre cent cinquante mille combattants d'élite. Oh ! Si vous me faites votre lieutenant, je tuerais un peigne pour un mercier[2]. Je mords, je rue, je frappe, j'attrape, je tue, je renie !

– Sus, sus, dit Picrochole, qu'on prépare tout, et qui m'aime me suive.

Chapitre 34

Comment Gargantua quitta la ville de Paris pour secourir son pays, et comment Gymnaste rencontra les ennemis

Gargantua arrive sain et sauf chez un seigneur de son père et Gymnaste, parti en éclaireur, tombe sur des ennemis qui veulent lui voler son cheval.

1→ Ces mots ressemblent fort à la devise de l'empereur Charles Quint : « Plus outre. »

2→ L'expression exacte était : « Je tuerais un mercier pour un peigne », c'est-à-dire : « Je commettrais un crime pour peu de bénéfice. » Mais, sous le coup de l'excitation, Merdaille s'embrouille.

Chapitre 35

Comment Gymnaste tua en souplesse le capitaine Tripet et d'autres gens de Picrochole

Gymnaste sidère les soldats ennemis en faisant de la voltige sur le dos de son cheval. Bouche bée, tous le regardent virevolter sur sa monture et sont effrayés. Il exploite alors cette peur en se faisant passer pour un démon.

[...]

Il tournoya plus de cent fois, les bras en croix, tout en criant à haute voix :

– J'enrage, diables, j'enrage, j'enrage ! Tenez-moi, diables, tenez-moi, tenez bon !

Tandis qu'il voltigeait ainsi, ces nigauds, tout ébahis, se disaient :

– Par la mère de Dieu, c'est un lutin ou un diable déguisé. *Ab hoste maligno, libera nos, domine*[1] !

Et ils se sauvaient en courant et jetaient des regards derrière eux, comme un chien qui emporte une aile de volaille.

Alors, voyant son avantage, Gymnaste descend de cheval,

1► C'est une formule latine destinée à « exorciser » (c'est-à-dire à faire fuir) le diable. Elle signifie : « Délivre-nous du Malin (autre appellation du Diable), notre ennemi, Seigneur ! »

dégaine son épée et charge à grands coups les plus impressionnants des ennemis. Il les renverse en gros tas, blessés, meurtris et mourants, sans que nul lui résiste. Ils croyaient que c'était un diable affamé, autant à cause de ses merveilleuses voltiges que par les propos que lui avait tenus Tripet en l'appelant *Pauvre diable*. Mais Tripet, en traître, voulut lui fendre la cervelle d'un coup de son épée de lansquenet. Toutefois Gymnaste était bien casqué et il ne sentit qu'un simple choc. Aussitôt, il se retourna et frappa brusquement de la pointe de son épée. Et pendant que Tripet se protégeait le haut du corps, il lui tailla d'un coup l'estomac, le côlon et la moitié du foie. Tripet en tomba par terre et, en tombant, il rendit quatre potées de soupe et son âme, mêlée à la soupe.

Sur ce, Gymnaste se retire, considérant qu'il ne faut jamais trop tenter le hasard et qu'un chevalier doit traiter sa bonne fortune avec discernement, sans la tourmenter ni la torturer. Il monte sur son cheval, l'éperonne et trace son chemin…

Chapitre 36

Comment Gargantua détruisit le château du gué de Vède, et comment ils passèrent le gué

Dès son retour, il raconta l'état dans lequel il avait trouvé les ennemis et le stratagème qu'il avait utilisé, lui seul contre toute leur troupe. Il affirmait qu'ils n'étaient que de la racaille, des pillards et des brigands, ignorants de toute discipline militaire. Il fallait se mettre en route hardiment car il serait très facile de les assommer comme des bêtes.

Donc Gargantua monta sur sa grande jument, escorté comme nous l'avons dit auparavant ; il trouva sur son chemin un arbre grand et haut, (qu'on nommait communément l'arbre de saint Martin parce qu'il avait poussé à partir d'un bourdon[1] que jadis le saint planta là) et dit :

– Voilà ce qu'il me fallait ; cet arbre me servira de bourdon et de lance.

Et il l'arracha facilement de terre, en ôta les rameaux et le prépara pour son plaisir.

Cependant, sa jument pissa pour se soulager le ventre ; mais en telle abondance qu'il y eut un déluge long de sept lieues[2]. Toute la pisse dériva vers le gué de Vède et les eaux de la rivière en furent si gonflées que toute cette bande

---

1→ Voir note 2, p. 82.
2→ Une lieue est une mesure de longueur et équivaut à environ 4 km. (Voir les bottes de sept lieues de l'ogre dans *Le Petit Poucet*.)

d'ennemis se noya horriblement, excepté quelques-uns qui avaient pris un chemin à gauche, vers les coteaux.

Arrivé au bois de Vède, Gargantua fut prévenu par Eudémon que, dans le château, il restait quelques ennemis. Pour en être sûr, Gargantua cria tant qu'il put :

– Vous êtes là ou vous n'y êtes pas ? Si vous y êtes, n'y soyez plus ! Si vous n'y êtes pas, je n'ai rien à dire.

Mais une canaille de canonnier, qui se tenait au mâchicoulis[1], lui tira un coup de canon et l'atteignit furieusement à la tempe droite. Toutefois il ne lui fit pas plus mal que s'il lui avait jeté une prune.

– Qu'est-ce là, dit Gargantua ? Vous nous jetez des grains de raisin ? La vendange vous coûtera cher. (Et il pensait réellement que le boulet était un grain de raisin.)

Ceux qui étaient dans le château, en train de jouer aux cartes, entendirent le bruit. Ils coururent aux tours et aux fortifications et tirèrent plus de neuf mille vingt-cinq coups de fauconneau[2] et d'arquebuse. Ils le visaient tous à la tête et ils tiraient si serré contre lui qu'il s'écria :

– Ponocrates, mon ami, les mouches m'aveuglent. Donnez-moi un rameau de saule pour les chasser, car il pensait que les plombs et les boulets de pierre étaient des mouches à bœufs.

Ponocrates l'avertit que ces mouches n'étaient autres que les coups d'artillerie tirés du château. Alors il cogna

---

1→ Dans un château fort, les mâchicoulis étaient les ouvertures des galeries situées en haut des remparts ou des tours. Ces ouvertures permettaient d'observer l'ennemi et de lui jeter des projectiles.
2→ Petite pièce d'artillerie qui pouvait se porter à dos d'homme, peut-être à la façon d'un bazooka.

son grand arbre contre le château et, à grands coups, il abattit tours et fortifications qui s'effondrèrent par terre. C'est ainsi que furent écrasés et mis en pièces ceux qui étaient à l'intérieur.

S'éloignant de là, ils arrivèrent au pont du moulin et trouvèrent tout le gué couvert de corps morts en si grand nombre qu'ils avaient engorgé le cours d'eau du moulin : c'étaient ceux qui avaient succombé au déluge urinal de la jument. Là, ils se demandaient comment ils pourraient passer, vu l'obstacle formé par ces cadavres. Mais Gymnaste dit :

– Si les diables y sont passés, j'y passerai fort bien.

– Les diables, dit Eudémon, y sont passés pour emporter les âmes damnées.

– Par saint Treignan, ajouta Ponocrates, il y passera donc nécessairement.

– Oui, oui, dit Gymnaste, ou bien je resterai en chemin.

Et, éperonnant son cheval, il traversa franchement, sans que jamais son cheval fût effrayé par les corps morts, car il l'avait habitué, selon la doctrine d'Élien[1], à ne craindre ni les armes ni les cadavres – non pas en tuant des gens comme Diomède tuait les Thraces ou comme Ulysse mettait les corps de ses ennemis aux pieds de ses chevaux, ainsi que le raconte Homère, mais en lui mettant un mannequin dans son foin et en l'habituant à passer dessus quand il lui donnait son avoine.

Les trois autres le suivirent sans problème, excepté

1→ Auteur grec du IIIᵉ siècle.

Eudémon, dont le cheval enfonça le pied droit jusqu'au genou dans la panse d'un gros et gras vilain, qui restait là, sur le dos, noyé. Il ne pouvait l'en retirer et demeura empêtré jusqu'à ce que Gargantua, du bout de son bâton, enfonce dans l'eau les tripes du vilain, tandis que le cheval levait le pied. Et, chose miraculeuse en hippiatrie, le cheval en question fut guéri d'une tumeur qu'il avait au pied, grâce au contact des boyaux de ce gros coquin.

Chapitre 37

Comment, en se peignant, Gargantua faisait tomber de ses cheveux les boulets d'artillerie

Gargantua retrouve son père qui lui fait fête. En se peignant, il fait tomber les boulets de canon qui lui avaient été tirés dessus. Grandgousier, horrifié, croit que ce sont des poux que Gargantua aurait attrapés à Paris, au collège de Montaigu[1]. Rassuré par Ponocrates, qui se défend d'y avoir envoyé Gargantua, il convie tout

---

1► Montaigu est un collège qui a réellement existé à Paris, au XVIe siècle, et qui était réputé pour sa saleté et les mauvais traitements qu'on y infligeait aux élèves. Rabelais le nomme « collège de pouillerie ». L'humaniste Érasme, qui y enseigna de 1495 à 1499, y tomba malade.

le monde à un immense festin de bienvenue où on ne dévore pas moins de « seize bœufs, trois génisses, trente-deux veaux, soixante-trois chevreaux de l'été, quatre-vingt-quinze moutons, trois cents cochons de lait..., deux cent vingt perdrix, sept cents bécasses, quatre cents chapons, six mille poulets et autant de pigeons... »

Et encore des volailles et du gibier, du couscous et des potages, sans oublier le vin bien sûr... et de la salade.

Chapitre 38

Comment Gargantua mangea six pèlerins en salade

Notre propos nous amène à raconter ce qui arriva à six pèlerins qui venaient de Saint Sébastien, près de Nantes : pour se loger cette nuit-là, de peur des ennemis, ils s'étaient nichés au jardin, sur des feuilles de pois, entre les choux et les laitues. Gargantua, se trouvant un peu barbouillé, demanda si on pouvait trouver des laitues pour lui faire une salade. Apprenant qu'il y en avait et qu'elles étaient les plus belles et les plus grandes du pays, car elles étaient aussi grandes que des pruniers ou des noyers, il voulut aller lui-même en cueillir et en ramassa, à la main, autant que bon lui sembla. Avec, il emporta les six pèlerins qui avaient si grand peur qu'ils n'osaient parler ni tousser.

Gargantua commença à les laver à la fontaine ; les pèlerins échangeaient des propos à voix basse :

– Que faut-il faire ? Nous nous noyons ici, au milieu de ces laitues. Parlerons-nous ? Oui, mais si nous parlons, il va nous tuer comme espions.

Pendant qu'ils délibéraient, Gargantua les mit avec ses laitues, dans un plat de la maison, grand comme la cuve de l'abbaye de Cîteaux et, avec de l'huile, du vinaigre et du sel, il les mangea pour se rafraîchir avant le dîner. Il avait déjà englouti cinq des pèlerins ; le sixième était dans le plat, caché sous une laitue, excepté son bourdon qui apparaissait au-dessus. À cette vue, Grandgousier dit à Gargantua :

– Je crois que c'est là une corne de limaçon. Ne le mangez pas !

– Pourquoi, répondit Gargantua ? Ils sont bons tout ce mois-ci.

Et, il tira sur le bourdon, souleva le pèlerin en même temps et le mangea bel et bien. Puis il but une énorme rasade de vin et attendit que le souper fût prêt.

Les pèlerins, ainsi dévorés, se tirèrent du mieux qu'ils purent, hors des meules de ses dents. Ils pensaient qu'on les avait mis dans un cul de basse fosse des prisons. Puis, quand Gargantua but cette grande rasade, ils crurent se noyer dans sa bouche et le torrent de vin les emporta jusqu'au gouffre de son estomac. Toutefois, en sautant avec leurs bourdons, comme font les pèlerins du mont Saint-

Michel[1], ils se mirent à l'abri au bord des dents. Mais, par malheur, l'un d'eux, tâtant le terrain avec son bourdon pour voir s'ils étaient en sécurité, frappa rudement dans le trou d'une dent creuse et toucha le nerf de la mâchoire, ce qui provoqua une très forte douleur à Gargantua. La rage de dents qu'il endurait le fit crier. Alors, pour se soulager, il fit apporter ses cure-dents, et, sortant vers le noyer, il vous dénicha Messieurs les pèlerins. Il en extirpa un par les jambes, un autre par les épaules, un autre par sa besace, un autre par les fouilles[2], un autre par l'écharpe. Quant au pauvre hère qui l'avait frappé de son bourdon, il l'accrocha par la braguette. Toutefois ce fut une grande chance pour lui, car Gargantua lui perça un abcès qui le martyrisait depuis qu'ils avaient passé Ancenis[3].

C'est ainsi que les pèlerins, dénichés, s'enfuirent, au grand galop, à travers les vignes, et que la douleur de Gargantua s'apaisa. Au même moment, il fut appelé par Eudémon pour le dîner car tout était prêt.

– Je m'en vais donc, dit Gargantua, pisser mon malheur.

Alors il pissa si copieusement que l'urine coupa la route aux pèlerins ; ils furent contraints de traverser cette grande rigole. De là, ils passèrent le long d'un petit bois et, chemin faisant, ils tombèrent tous, excepté Fournillier, dans une

---

1→ Le mont Saint-Michel est entouré d'eau. Comme il n'y avait ni route ni digue à cette époque, on ne pouvait l'atteindre que par marée basse, en sautant les flaques qui restaient.
2→ Le mot employé par Rabelais est « foillouse », qui signifiait « bourse » dans l'argot des gueux. Il est resté en argot sous la forme *fouille*, qui signifie « poche ».
3→ Ancenis est une ville située près de Nantes.

fosse qu'on avait creusée pour prendre les loups au filet ; ils s'en tirèrent, grâce à l'ingéniosité dudit Fournillier, qui rompit tous les liens et toutes les cordes. Sortis de là, ils couchèrent, le reste de la nuit, dans une cabane. Là, ils furent réconfortés de leur malheur par les bonnes paroles d'un de leurs compagnons, nommé Lasdaller[1], qui leur fit comprendre que cette aventure avait été prédite dans les *Psaumes* de David[2]. […]

Chapitre 39

Comment le moine fut fêté par Gargantua et les beaux propos qu'il tint en soupant

Tout le monde félicite Frère Jean des Entommeures pour ses exploits et Gargantua lui fait même l'honneur de l'asseoir à côté de lui. Frère Jean, tout en buvant de bon cœur, tient des propos étonnants dans la bouche d'un moine : sur la nourriture, la boisson, le courage et… les cuisses des demoiselles.

---

[1] Nom amusant : Lasdaller, c'est « las d'aller », c'est-à-dire « fatigué de marcher ». Cela peut se comprendre après toutes ces aventures.
[2] Rabelais critique cette habitude, courante à son époque, d'utiliser la Bible pour en tirer leçons et prophéties sur la vie quotidienne. Selon lui, elle fait partie des superstitions regrettables. (Voir l'encadré sur la religion de Rabelais, p. 121.)

Chapitre 40

Pourquoi les moines se sont retirés du monde, et pourquoi les uns ont le nez plus grand que les autres

Gargantua se lance dans une attaque satirique contre les moines. Il prétend qu'ils vivent enfermés dans leurs couvents et dans leurs abbayes parce que personne ne veut les fréquenter, « parce qu'ils mangent la merde du monde, c'est-à-dire les péchés et en tant que mange-merde, on les rejette en leurs cabinets, c'est-à-dire dans leurs couvents et leurs abbayes ».

Il leur reproche d'être inutiles dans la société. Certes ils prient, mais le font machinalement, sans rien comprendre. « Ils marmonnent une grande foule de prières et de psaumes qu'ils ne comprennent pas ; ils récitent force patenôtres entrelardées de longs Ave Maria, sans y penser ni rien comprendre. Je n'appelle pas cela prier mais se moquer de Dieu. »[1] Il les compare à des singes.

Quant à Frère Jean, s'il a un grand nez, c'est que, dit-il :

– Ma nourrice avait les tétons mollets : en la tétant, mon nez s'y enfonçait comme dans du beurre

---

1► Voir les critiques du chap. 21 ; aux prières récitées, les évangéliques, comme Rabelais, préfèrent une lecture intelligente des textes sacrés.

et, là, levait et se développait comme la pâte à pain dans la maie[1]. Les durs tétons de nourrice font les enfants au nez écrasé.

Chapitre 41

Comment le moine fit dormir Gargantua. Son livre d'heures et son bréviaire[2]

Le souper achevé, ils délibérèrent sur l'urgence de la situation. Il fut conclu que, vers minuit, ils feraient une patrouille pour savoir avec quelle vigilance les ennemis exerçaient leur surveillance. En attendant, ils se reposeraient un peu pour être plus frais. Mais Gargantua ne pouvait dormir, de quelque façon qu'il se mît. Alors le moine lui dit :

– Je ne dors jamais aussi bien que quand je suis au sermon et quand je prie Dieu. S'il vous plaît, commençons tous les deux les sept psaumes pour voir si vous ne serez pas bientôt endormi.

La trouvaille plut bien à Gargantua et ils s'endormirent en commençant le premier psaume.

1→ Une maie est un coffre dans lequel on pétrit le pain puis où on le conserve, à l'abri.
2→ Les livres d'heures permettent à tout bon catholique de lire les prières adaptées à tous les moments de la journée et de l'année. Le bréviaire permet aux prêtres de dire la messe.

Mais Frère Jean, habitué à la vie du couvent, où l'on doit se lever à minuit pour prier, réveille tout le monde. Il dit le minimum de prières, ce qui lui permet de se maintenir en bonne forme pour manger et boire. Chacun s'arme pour partir en patrouille et on force le moine à enfiler une armure et un heaume.

Chapitre 42

Comment le moine donne courage à ses compagnons, et comment il se retrouve pendu à un arbre

Or les nobles champions s'en vont vers l'aventure, bien décidés à apprendre s'ils doivent poursuivre la rencontre et de quels dangers ils devront se garder quand viendra le jour de la grande et horrible bataille. Et le moine les encourage en disant :

– Mes enfants, n'ayez ni peur ni doute, je vous conduirai en sûreté. Que Dieu et saint Benoît soient avec nous[1]. Si j'avais autant de force que de courage, morbleu, je vous les plumerais comme des canards ! Je ne crains rien sauf l'artillerie. Toutefois je connais une prière que m'a indiquée le sous-sacristain de notre abbaye ; elle protège de tous les

---

1► Ce début de chapitre imite les romans de chevalerie, dont il emprunte le langage. Puis l'imitation devient parodie.

canons. Mais elle ne me servira à rien car je n'y crois pas[1].
Cependant mon bâton de croix fera merveille. […]

Frère Jean s'indigne ensuite contre les lâches.

Alors le moine passa sous un noyer, du côté de la Saulaie, et embrocha la visière de son heaume sur une
branche cassée. Malgré tout, il éperonna vivement son
cheval qui était chatouilleux quand on le piquait si bien
que le cheval bondit en avant. Le moine veut décrocher sa
visière, lâche la bride et, de la main, se pend à la branche,
tandis que son cheval se dérobe sous lui. Et le moine se
retrouve pendu au noyer, criant à l'aide et au meurtre, pro-
testant qu'on l'avait trahi. […]

Au lieu de le dépendre rapidement, ses compagnons
le font enrager.

Aurez-vous, dit le moine, bientôt fini de prêcher?
Aidez-moi, par Dieu, puisque par le diable, vous ne le voulez pas. Par l'habit que je porte, vous vous en repentirez.
Alors Gymnaste descendit de son cheval, monta au
noyer; d'une main, il souleva le moine par les aisselles et
de l'autre, il décrocha la visière de l'arbre. Puis il laissa
tomber Frère Jean à terre et sauta ensuite.
Dès qu'il fut descendu, le moine se défit de tout son har-
nachement et jeta dans le champ une pièce après l'autre.

[1] Toujours le même refus des superstitions.

Et, reprenant son bâton de croix, il remonta sur son cheval qu'Eudémon avait empêché de fuir.

Et ainsi, ils s'en vont joyeusement en suivant le chemin de la Saulaie.

Chapitre 43

Comment Gargantua rencontra la patrouille de Picrochole, et comment le moine tua le capitaine Tyravant puis fut fait prisonnier par les ennemis

Lorsque ceux qui avaient échappé à la déroute, quand Tripet avait été étripé, firent leur rapport à Picrochole, celui-ci entra dans une violente colère, à l'idée que les diables s'étaient jetés sur ses gens. Il tint conseil toute la nuit. Hastiveau et Toucquedillon conclurent que sa puissance était telle qu'il pourrait battre tous les diables de l'enfer, s'ils venaient s'y frotter. Mais Picrochole ne croyait pas à cette éventualité et ne s'en inquiétait pas.

Il envoya donc en reconnaissance, sous la conduite du comte Tyravant, seize cents chevaliers, tous montés sur des chevaux légers. Chaque homme de cette patrouille avait été copieusement aspergé d'eau bénite et portait, comme insigne, une étole[1] en écharpe, à tout hasard. De la

---

1→ Partie du vêtement religieux que porte le prêtre pour dire la messe.

sorte, s'ils rencontraient les diables, la vertu de cette eau bénite aussi bien que des étoles les ferait disparaître et s'évanouir.

Ils coururent donc jusqu'à la Vauguyon et la Maladrerie[1] mais ne trouvèrent personne à qui parler ; ils revinrent donc par le coteau. En passant près du Coudray, dans une cabane qui servait d'abri aux bergers, ils tombèrent sur les pèlerins. Ils les emmenèrent, liés et ligotés, comme s'ils avaient été des espions, malgré leurs exclamations, supplications et prières. Comme la patrouille descendait vers Seuillé, elle fut entendue par Gargantua, qui dit à ses gens :

– Compagnons, voilà des ennemis qui viennent à notre rencontre. Ils sont dix fois plus nombreux que nous. Est-ce que nous les cognons ?

– Que diable comptez-vous faire ? dit le moine. Jugez-vous les hommes d'après le nombre et pas d'après la vertu ou la hardiesse ?

Puis il s'écria :

– Cognons, diables, cognons !

En entendant ces mots, les ennemis pensèrent qu'assurément, c'étaient de vrais diables. Ils commencèrent donc à fuir à bride abattue, excepté Tyravant, qui mit sa lance en position et en frappa à toute force le moine au milieu de la poitrine. Mais, en rencontrant le froc effrayant, le fer s'émoussa, comme si on avait frappé contre une enclume avec une petite bougie. Alors le moine, avec son bâton de

---

1➤ Localités près de Chinon. Une maladrerie, synonyme de « léproserie », est un bâtiment, à l'extérieur de la ville, où l'on soignait les lépreux. Cette maladie faisait tellement peur qu'on interdisait aux malades d'entrer dans les villes.

croix lui donna un coup si rude entre le col et le collet, sur l'omoplate, qu'il l'assomma et lui fit perdre connaissance et mouvement. Tyravant tomba aux pieds de son cheval. Le moine vit alors l'étole qu'il portait en écharpe et dit à Gargantua :

– Ce ne sont que des prêtres, c'est-à-dire des commencements de moines. Quant à moi, par saint Jean, je suis un moine accompli : je vous les tuerai comme des mouches.

Puis, au grand galop, il leur courut après, si vite qu'il attrapa les derniers. Il les abattait comme du seigle, frappant à tort et à travers.

Aussitôt, Gymnaste demanda à Gargantua s'ils devaient les poursuivre. Gargantua répondit :

– Nullement, car selon l'art de la guerre, il ne faut jamais acculer son ennemi au désespoir : une telle extrémité multiplie sa force et relève son courage auparavant abattu et défaillant. Il n'y a pas de meilleure chance de salut pour des gens accablés et épuisés que de n'espérer aucun salut. Combien de victoires furent arrachées par les vaincus des mains des vainqueurs, quand ces derniers ne se sont pas conduits raisonnablement mais ont tenté de faire un carnage et d'anéantir leurs ennemis, sans vouloir en laisser un seul porter la nouvelle. Ouvrez toujours à vos ennemis toutes les portes et chemins. Faites-leur même un pont d'argent pour les renvoyer.

– Certes, dit Gymnaste, mais ils ont le moine.

– Ils ont le moine ? Sur mon honneur, tant pis pour eux ! Mais, à tout hasard, ne nous retirons pas encore. Attendons ici en silence ; car je pense assez bien connaître la conduite de nos ennemis : ils s'en remettent au sort et non à la réflexion.

Tandis qu'ils attendaient ainsi sous les noyers, le moine continuait sa poursuite, cognant tous ceux qu'il rencontrait sans aucune pitié, jusqu'à ce qu'il rattrape un chevalier qui portait en croupe un des pauvres pèlerins. Comme il voulait le massacrer, le pèlerin s'écria :

– Ah, Monsieur le Prieur, mon ami, Monsieur le Prieur, sauvez-moi, je vous en prie !

Les ennemis entendirent ces paroles et se retournèrent. Ils virent que le moine seul était responsable de ce tapage. Ils le chargèrent de coups, autant qu'on charge un âne de bois. Mais il ne sentait rien du tout, même quand ils frappaient sur son froc, tant il avait la peau dure. Puis ils le donnèrent à garder à deux archers et, tournant bride, ils ne virent personne venir à leur rencontre et ils en déduisirent que Gargantua avait fui avec sa troupe. Ils galopèrent donc vers les Noyrettes[1], aussi rapidement qu'ils purent pour les rencontrer et laissèrent le moine là, avec les deux archers de garde.

Gargantua entendit le bruit et le hennissement des chevaux et dit à ses gens :

– Compagnons, j'entends arriver nos ennemis et déjà j'en aperçois qui viennent contre nous en foule. Regroupons-nous ici et avançons en bon ordre. Ainsi nous pourrons les recevoir, pour leur perte et notre honneur.

---

[1] Lieu indéterminé, planté de noyers.

Chapitre 44

Comment le moine se débarrassa des gardes, et comment la patrouille de Picrochole fut anéantie

En les voyant s'éloigner ainsi en désordre, le moine supposa qu'ils allaient attaquer Gargantua et ses gens ; il était horriblement triste de ne pouvoir les secourir. C'est alors qu'il observa l'attitude des deux archers de garde : ils auraient volontiers couru après la troupe pour y récolter quelque butin et ne cessaient de regarder vers la vallée où elle descendait. D'autre part, Frère Jean réfléchissait et se disait : « Ces gens ont bien peu l'expérience des armes car ils ne m'ont jamais demandé ma parole de ne pas fuir et ne m'ont pas ôté mon braquemart[1] ».

Aussitôt, il tira le braquemart en question et en frappa l'archer qui le tenait à droite ; il lui coupa entièrement les veines jugulaires et les artères carotides du cou ainsi que la luette, jusqu'aux amygdales. Et en retirant son arme, il lui fendit la moelle épinière, entre la seconde et la troisième vertèbre[2] : alors l'archer tomba raide mort. Puis le moine fit tourner son cheval à gauche, fonça sur l'autre qui, à la

---

1→ Un braquemart était une épée courte à deux tranchants, en usage à cette époque.
2→ Rabelais s'amuse à parodier les chansons de geste et les romans de chevalerie, dans lesquels les exploits des héros sont toujours grandioses. (Voir l'encadré p. 230.) Mais Rabelais y ajoute, une fois de plus, un vocabulaire médical et anatomique. Le comique vient ici du mélange des genres : épopée guerrière et manuel de médecine.

vue de son compagnon mort et de l'avantage du moine, cria d'une voix forte :

– Ah, Monsieur le Prieur, je me rends ! Monsieur le Prieur, mon bon ami, Monsieur le Prieur !

Et le moine criait lui aussi :

– Monsieur le Postérieur[1], mon ami, Monsieur le Postérieur, qu'est-ce que vous allez prendre sur votre postérieur !

– Ah, disait l'archer, Monsieur le Prieur, mon joli, Monsieur le Prieur, que Dieu vous fasse abbé[2] !

– Par l'habit que je porte, répondit le moine, pour ma part, je vais te faire cardinal ! Ah, tu rançonnes les religieux ! Eh bien ! De ma main, tu vas avoir, sur l'heure, un chapeau rouge[3].

Et l'archer criait :

– Monsieur le Prieur, Monsieur le Prieur, Monsieur le futur Abbé, Monsieur le Cardinal, Monsieur le Tout ! Ah ! Ah ! Eh ! Non, Monsieur le Prieur, mon bon petit seigneur, je me rends à vous !

– Et je te rends, dit le moine, à tous les diables.

Alors, d'un seul coup, il lui trancha la tête, lui coupant le crâne au dessus des os temporaux. Il lui enleva les deux os pariétaux et la suture sagittale sur une grande partie de

1→ Frère Jean a étudié le latin, comme tous les moines. Il se souvient que le mot *prior* vient de latin *prior*, qui signifie « le premier de deux », tandis que *postérieur* vient du latin *posterior*, qui signifie « le second de deux » ; mais le postérieur, c'est aussi ce qui est derrière, c'est-à-dire les fesses.
2→ L'abbé est le supérieur, le « chef » d'une abbaye. Il est au-dessus du prieur.
3→ Plaisanterie sanguinaire : les cardinaux, qui sont de hauts dignitaires de l'Église catholique, sont tout habillés de rouge, y compris le chapeau. Frère Jean se propose de frapper l'archer à la tête, qui se couvrira de sang.

l'os frontal ; ce faisant, il lui trancha les deux méninges et lui ouvrit profondément les deux ventricules latéraux du cerveau. L'autre se retrouva avec le crâne pendant sur les épaules, retenu par derrière par la peau du péricrâne, à la façon d'un bonnet de docteur, noir dessus et rouge au-dedans. Et il tomba par terre, raide mort.

Cela fait, le moine éperonne son cheval et suit la route qu'avaient prise les ennemis. Mais ceux-ci avaient rencontré Gargantua sur le grand chemin et leur nombre était fort diminué, à cause de l'énorme massacre qu'avait fait Gargantua avec son grand arbre, avec l'aide de Gymnaste, Ponocrates, Eudémon et des autres. En conséquence, ils commençaient à se retirer précipitamment, tout effrayés, le sens et l'esprit troublés, comme s'ils avaient eu, devant les yeux, le spectre de la mort.

[...]

Frère Jean en tua et en jeta tant à terre, que son braquemart se rompit. Il se dit donc que c'était assez massacré et tué et que le reste devait s'échapper pour porter la nouvelle. Alors il saisit dans son poing la hache d'un de ceux qui gisaient morts et retourna sur son rocher. Il y passa un moment à regarder les ennemis s'enfuir et culbuter parmi les cadavres. Toutefois, à tous, il faisait abandonner leurs piques, lances, épées et arquebuses. Et, à ceux qui portaient les pèlerins ligotés, il leur fit mettre pied à terre et donna leurs chevaux aux pèlerins, qui restèrent à ses côtés, le long de la haie, avec Toucquedillon, qu'il garda prisonnier.

Chapitre 45

Comment le moine ramena les pèlerins, et les bonnes paroles que leur dit Grandgousier

Gargantua et ses amis retournent chez Grandgousier, qui leur fait préparer un bon repas. Gargantua, inquiet de l'absence de Frère Jean, refuse de boire et de manger, quand soudain arrive le moine avec les pèlerins et son prisonnier, Toucquedillon. Il raconte ses aventures puis Grandgousier demande aux pèlerins ce qu'ils font sur les routes.

[...]

– Eh bien, dit Grandgousier, qu'alliez-vous faire à saint Sébastien ?

– Nous allions, par nos vœux, lui demander d'arrêter la peste, dit Lasdaller.

– Oh ! Pauvres gens, estimez-vous que la peste vient de saint Sébastien ?

– Oui, vraiment, répondit Lasdaller, nos prêcheurs nous l'affirment.

– Quoi ? Ces faux prophètes vous débitent de telles absurdités ? Blasphèmment-ils au point d'assimiler les justes et les saints de Dieu aux diables, qui ne causent aux humains que des maux ? Comme Homère[1], qui écrit que la

---

[1] Homère est un poète grec du VIIIe siècle avant notre ère, qui écrivit l'*Iliade* et l'*Odyssée*.

peste fut répandue dans l'armée grecque par Apollon et comme les poètes, qui inventent une grande foule de démons et de dieux malfaisants. Ainsi, à Cinais[1], un cafard[2] prêchait que saint Antoine mettait le feu aux jambes, que saint Eutrope était cause de l'hydropisie, saint Gildas de la folie et saint Genou de la goutte[3]. Mais, bien qu'il me traitât d'hérétique, je lui ai donné un châtiment si exemplaire que, depuis ce temps, aucun cafard n'a osé entrer sur mes terres. Je suis ébahi que votre roi[4] leur laisse faire des prêches si scandaleux car ils sont plus coupables que ceux qui, par magie ou tout autre procédé, auraient introduit la peste dans le pays[5] : la peste ne tue que les corps, mais de tels imposteurs empoisonnent les âmes. [...]

Grandgousier nourrit les pèlerins et leur conseille de retourner chez eux, retrouver leur famille.

Alors Grandgousier leur dit :

– Allez-vous-en, pauvres gens, au nom de Dieu le créateur ! Qu'il vous guide perpétuellement. Et dorénavant ne vous laissez plus tenter par ces voyages inefficaces et inutiles. Entretenez vos familles, travaillez, chacun selon sa vocation, instruisez vos enfants et vivez comme vous

---

1→ Localité près de la maison natale de Rabelais.
2→ Un cafard est un hypocrite. Le terme s'applique surtout aux moines.
3→ Superstitions populaires : le feu Saint-Antoine était une maladie de peau, qu'on nomme aujourd'hui « érysipèle » ; l'hydropisie, une maladie qui provoque des gonflements et la goutte, une inflammation des articulations, parmi lesquelles les genoux.
4→ C'est-à-dire le roi de France, François Ier.
5→ La superstition attribuait la peste à toutes sortes de maléfices.

La religion de Rabelais

Les convictions religieuses de Rabelais transparaissent évidemment dans *Gargantua* : Rabelais est catholique mais il ne manque pas de critiquer nombre de pratiques et de superstitions de sa religion. Ainsi, dans ce chapitre, se moque-t-il des croyances qu'on attachait au pouvoir – maléfique aussi bien que bénéfique – des saints, qui remplaçaient dans les esprits tous les dieux du polythéisme antique.

Il dénonce aussi les prétendus miracles et la sottise des pèlerinages, qui consistaient à se rendre dans des églises où se trouvaient des reliques, c'est-à-dire des os de saints, des vêtements qui auraient appartenu à Jésus ou à la Vierge Marie, des morceaux de la croix du Christ… auxquels on attribuait un pouvoir, quasi magique, de guérison ou de protection.

Il attaque avec virulence les théologiens de la Sorbonne, qui avaient la main mise sur l'éducation et les publications de livres et censuraient tous les écrits (dont les siens) avec la plus grande intolérance. Ancien moine lui-même, il montre les défauts de la vie monastique (voir *Gargantua*, chapitre 27) et termine son roman en présentant l'utopie d'une anti-abbaye idéale. Il critique le trafic des indulgences (voir *Pantagruel*, chapitre 17).

Il critique aussi, comme on l'a vu dans les chapitres 21 et 40, ces prières marmonnées, inintelligibles et dites à la va-vite, sans y penser. La religion, selon lui, ne doit pas être vide de sens ; c'est pourquoi il pense que chacun doit avoir accès à la Bible : dans leur langue d'origine pour les plus instruits ou dans une langue populaire pour les autres. Il soutient le mouvement évangélique, une tendance du catholicisme qui invite à la lecture des textes sacrés, jusqu'alors réservée au clergé, et cherche à retrouver la pureté du christianisme primitif. En ce siècle d'intolérance, il est critiqué aussi bien par les catholiques que par les partisans de la nouvelle religion réformée, c'est-à-dire les protestants : luthériens et calvinistes.

enseigne le bon apôtre saint Paul. Ce faisant, vous aurez la protection de Dieu, des anges et des saints et il n'y aura ni peste ni mal pour vous nuire.

Puis Gargantua les emmena se restaurer dans la salle. Mais les pèlerins ne faisaient que soupirer et dirent à Gargantua :

– Heureux le pays qui a pour seigneur un tel homme ! Nous sommes plus édifiés et instruits par les propos qu'il nous a tenus que par tous les sermons qui nous furent prêchés en notre ville.

– C'est, répondit Gargantua, ce que dit Platon au livre V de la *République* : « les Républiques seront heureuses quand les rois philosopheront ou que les philosophes régneront. »

[...]

Chapitre 46

Comment Grandgousier traita humainement Toucquedillon prisonnier

Toucquedillon fut amené à Grandgousier qui l'interrogea sur l'entreprise et les affaires de Picrochole et lui demanda à quoi rimaient tous ces rassemblements de troupe et ce désordre. Et Toucquedillon répondit que son but et son destin étaient de conquérir tout le pays, s'il pouvait, en réponse à l'injustice faite à ses fouaciers.

– Il a trop d'ambition, dit Grandgousier. Qui trop embrasse mal étreint ! Fini le temps où on allait conquérir ainsi les royaumes, au grand dommage de son frère chrétien. Cette imitation des anciens Hercule, Alexandre, Hannibal, Scipion, César[1] et autres est contraire aux commandements de l'Évangile qui ordonne à chacun d'entre nous de garder, de protéger, de régir et d'administrer son pays et ses terres, au lieu d'envahir les autres en ennemi. Ce que les Sarrasins[2] et les barbares appelaient jadis des prouesses, maintenant nous l'appelons brigandage et méchanceté. Il aurait mieux fait de rester sur son domaine, de le gouverner en roi, plutôt que faire violence au mien et le piller en ennemi. Car, s'il l'avait bien gouverné, il l'aurait fait prospérer, alors qu'en me pillant, il sera anéanti.

« Allez-vous-en au nom de Dieu, et suivez une bonne voie. Montrez à votre roi les erreurs qui vous apparaîtront et ne le conseillez jamais en pensant à votre intérêt personnel car, en perdant les biens communs, on perd aussi les biens individuels. Quant à votre rançon[3], je vous en fais entièrement cadeau et je veux que vous soient rendus vos armes et votre cheval. C'est ainsi qu'il faut agir entre voisins et anciens amis, vu que notre différend n'est pas à proprement parler une guerre. Ainsi Platon, au livre V de

---

1→ Il s'agit de grands conquérants de l'Antiquité gréco-romaine. Hercule appartient à la mythologie mais les autres sont des personnages historiques.

2→ Au Moyen Âge et jusqu'à la Renaissance, on appelait Sarrasins les Arabes musulmans, ennemis des chrétiens dans les guerres de reconquête de l'Espagne : de Charles Martel (732) à 1492.

3→ Pour retrouver la liberté, un prisonnier devait payer une rançon à son vainqueur, qui par ailleurs gardait, comme butin, ses armes et son cheval.

la *République,* voulait qu'on ne parlât pas de guerre mais de sédition, quand les Grecs s'armaient les uns contre les autres. Et si, par malheur, la chose arrivait, il recommandait d'user de modération. Même si vous parlez de guerre, elle n'est que superficielle. Elle n'entre point au fin fond de nos cœurs : car aucun de nous n'est outragé dans son honneur. Il n'est question, en somme, que de réparer une faute commise par nos gens (je veux dire les vôtres et les nôtres) ; et, bien que vous en ayez eu connaissance, vous auriez dû la laisser passer, car les querelleurs étaient plus dignes de mépris que de mémoire, surtout de la façon dont je me suis offert de répondre à leurs récriminations. Dieu sera le juste arbitre de notre différend ; et je le supplie de me ravir la vie et de laisser mes biens dépérir sous mes yeux plutôt que de le voir offensé par moi ou les miens. […]

> Grandgousier offre une magnifique récompense au moine pour cette capture et renvoie Toucquedillon chez Picrochole avec des cadeaux.

Chapitre 47

Comment Grandgousier mobilisa ses légions, et comment Toucquedillon tua Hastiveau puis fut tué sur ordre de Picrochole

Tous les habitants des villages alentour proposent spontanément à leur roi Grandgousier de combattre sous ses ordres et lui offrent de l'argent. Grandgousier les remercie chaleureusement mais pense que ses légions, bien armées et bien entraînées, lui suffiront et qu'il n'aura pas besoin de mettre en péril la vie de ses sujets.

Pendant cette mobilisation, Toucquedillon revient auprès de Picrochole et lui conseille de conclure un arrangement avec Grandgousier. Hastiveau[1], un autre capitaine de Picrochole, l'accuse de trahison. Hors de lui, Toucquedillon le transperce de son épée.

Picrochole entra aussitôt en fureur et, voyant l'épée et son fourreau brillant, il dit :

– Est-ce qu'on t'avait donné cette arme pour tuer perfidement, en ma présence, Hastiveau, mon excellent ami ?

Alors il commanda à ses archers de le mettre en pièces,

---

[1] Son nom signifie « hâtif, pressé ».

ce qui fut fait sur l'heure, si cruellement que la salle en était toute pavée de sang. Puis il fit enterrer dignement le corps d'Hastiveau et jeter celui de Toucquedillon par-dessus les murailles, dans la vallée. Les nouvelles de ces outrages parvinrent à la connaissance de toutes ses armées et plusieurs commencèrent à murmurer, si bien que Grippeminaud[1] lui dit :

– Seigneur, je ne sais ce qui sortira de cette entreprise. Je ne trouve pas très ferme le courage de vos gens. Ils considèrent qu'ici, nous sommes mal approvisionnés et déjà, à la suite de deux ou trois sorties, fortement diminués en nombre. De plus, de grands renforts arrivent à vos ennemis. Si par hasard nous sommes assiégés, je ne vois pas comment nous pourrions échapper à une ruine totale.

– Merde ! Merde ! répondit Picrochole. Vous ressemblez aux anguilles de Melun : vous criez avant qu'on vous écorche[2] ! Laissez-les seulement venir.

1➤ C'est un des généraux de Picrochole. Ce nom, qu'on donnait à des chats mâles, évoque la rapacité. (Voir La Fontaine, « Le chat, la belette et le petit lapin » *Fables*, VII, 16.) On retrouve cette notion dans « grippe-sou ».
2➤ Ce proverbe évoquait ceux qui se plaignent avant d'avoir souffert un dommage.

Gargantua, volant les cloches de Notre-Dame pour en orner le cou de sa jument, prête à rire ; mais le géant symbolise aussi le penseur humaniste qui jette un regard neuf sur le monde.

Gustave Doré, le célèbre illustrateur des chefs-d'œuvre de la littérature, représente Gargantua, vêtu en courtisan de la Renaissance. Le géant domine l'architecture gothique désuète de Paris, et sa sérénité contraste avec l'agitation fébrile de la foule.

Gravure de Gustave Doré pour Gargantua. 1873.

Un appétit de vivre

Dans *Gargantua* et *Pantagruel*, toutes les occasions sont bonnes pour de joyeux banquets. Rabelais a créé des héros bons vivants, heureux de satisfaire leurs appétits et d'apaiser leur soif de vin et de connaissances. Si Dieu occupe leurs pensées, la religion ne les empêche pas de jouir des plaisirs de la vie. L'esprit de la Renaissance paraît dans leur épicurisme.

Dans la ville d'Anvers, carrefour de marchandises et d'idées, la curiosité de Pieter Bruegel (vers 1525-1569) s'ouvre aux valeurs profanes de la Renaissance ; il est d'ailleurs lecteur de Rabelais. Mais il a gardé le goût du terroir et aime représenter des paysans, d'une façon très vivante. Ce tableau illustre bien l'esprit de fête, souvent populaire, qui règne dans *Gargantua* et *Pantagruel* : gaieté, musique, vin, nourriture simple et abondante. Les personnages conservent de la dignité dans leur joie, les couleurs sont gaies sans être criardes. L'enfant, au premier plan, évoque les jeunes géants et leur appétit. Comme Rabelais, sous son pseudonyme d'Alcofribas, Bruegel s'est introduit dans son œuvre : c'est le personnage en noir à droite du tableau.

Le Repas de noces.
Pieter Bruegel l'Ancien.
Peinture sur bois. Vers 1568.

Un idéal humaniste

Dans le prologue de *Gargantua*, Rabelais invite le lecteur à « rompre l'os et sucer la substantifique moelle ». En effet, derrière le comique se cachent des conceptions humanistes modernes sur la place de l'homme dans le monde, le gouvernement, la religion, l'éducation et même un nouvel art de vivre.

Avec une telle précision qu'un architecte a pu la dessiner, Rabelais imagine une nouvelle abbaye qui se distinguera des couvents bâtis au Moyen Âge. Elle s'inspire des modèles italiens les plus modernes. L'architecture, les fenêtres qui l'éclairent, le luxe des aménagements la rendent comparable aux plus beaux châteaux de la Loire, construits par le roi de France.

Reconstitution de l'abbaye de Thélème. Illustration issue de *Rabelais et l'architecture de la Renaissance*, de Charles Lenormant.

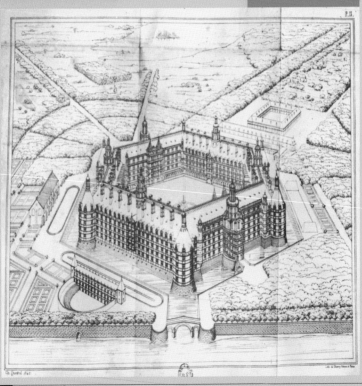

Schéma de proportions du corps humain. Léonard de Vinci. Plume et encre sur papier blanc. Vers 1490.

Avec l'Humanisme, l'homme acquiert une importance nouvelle et devient objet d'intérêt : on le peint, on l'étudie. Léonard de Vinci, peintre et scientifique, reprend l'idéal antique de la beauté et, comme Rabelais, fait de l'homme le centre du monde.

Beaucoup d'humanistes recherchent un art de gouverner conforme à la morale. C'est l'un des thèmes de *Gargantua* et de *Pantagruel*. La vision du dictateur de Chaplin rêvant face au globe terrestre évoque les songes de Picrochole (ou Charles Quint auquel il prête son masque) qui, avant même de combattre, se voit déjà le maître du monde. À ce mauvais roi, Rabelais oppose la sagesse de Grandgousier, qui refuse les guerres de conquête et ne cherche qu'à protéger ses sujets.

Charlie Chaplin dans une scène du film *Le Dictateur*, 1940.

Des géants parmi nous

Comme Rabelais, Gustave Doré joue de son imagination visionnaire : dans les mains du jeune Pantagruel, les vaches deviennent des jouets. Pour leur donner l'air de souris face à ce gros bébé placide, l'illustrateur les a dessinées plus petites que les humains à gauche.

La mise en page de ce dessin suggère habilement que la taille de Gargantua s'est enflée jusqu'à la démesure. Le géant devient ogre mais les pèlerins seront saufs et renvoyés chez eux avec de bonnes paroles : à travers cette aventure grotesque, Rabelais critique les pratiques religieuses qui, selon lui, relèvent de la superstition. Mais ce voyage dans la bouche du géant évoque aussi l'incursion du narrateur dans la bouche de Pantagruel où il découvre « un autre monde ».

Les géants appartenaient au folklore. On en trouve trace dans les défilés de carnaval. Rabelais les a choisis comme héros aussi bien pour symboliser l'humaniste, ce géant du savoir, que pour leurs possibilités comiques et merveilleuses : au fil des chapitres, il adapte leur taille à sa fantaisie créatrice.

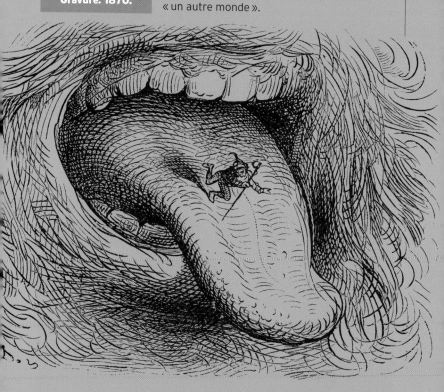

Pantagruel mangeant un pèlerin qui tente de s'échapper de sa bouche géante. Gustave Doré. Gravure. 1870.

Badebec, ma mignonne

En modelant cette géante, Chantal Adam réussit à allier pesanteur et légèreté. Badebec est épanouie, toute en courbes et en rondeurs généreuses, mais les reflets brillants de la patine accentuent la grâce de son mouvement. La posture est amusante, sans contrainte. Son visage sourit : tout en elle reflète la joie de vivre. Que, lors de la mort de sa jeune femme, Gargantua puisse exprimer ses regrets en la nommant « ma mignonne » ne nous étonne plus.

Si les femmes sont accueillies dans l'abbaye de Thélème, elles ne tiennent que peu de place dans les deux romans. Ils parodient les romans de chevalerie mais l'amour courtois n'y figure pas. Badebec meurt en couches et Gargamelle n'apparaît plus après la naissance de son fils et ne participe pas à son éducation.

Badebec, ma mignonne, m'amie. **Chantal Adam. Terre cuite patinée. 2008.**

Chapitre 48

**Comment
Gargantua
donna l'assaut
à Picrochole
dans La Roche-
Clermault,
et comment
il défit son armée**

Gargantua est nommé commandant en chef et fait preuve d'une habile stratégie, pour donner l'assaut à la ville fortifiée. Picrochole tente une sortie mais sa troupe est écrasée par l'artillerie. Le moine coupe toute retraite aux survivants. On assiste alors à un duel d'artillerie. Pendant que les défenseurs de la forteresse sont occupés à riposter sur un rempart, Frère Jean attaque de l'autre côté, escalade les murailles avec deux cents hommes d'armes, et prend la ville par surprise. Les assiégés se rendent. Frère Jean et ses hommes sortent alors de la ville pour porter assistance à Gargantua. Picrochole, comprenant alors que la situation est désespérée, s'enfuit.

Chapitre 49

Comment Picrochole fut malchanceux dans sa fuite, et ce que fit Gargantua après la bataille

Désespéré, Picrochole s'enfuit vers l'Île Bouchard et, au chemin de Rivière[1], son cheval broncha et s'abattit. Il en fut si indigné que, dans sa rage, il le tua de son épée. Puis, ne trouvant personne pour lui fournir une monture, il voulut prendre un âne au moulin le plus proche. Mais les meuniers le rouèrent de coups, le détroussèrent de ses vêtements, ne lui donnant pour se couvrir qu'une méchante casaque.

Ainsi s'en alla le pauvre coléreux. Puis, comme il traversait la rivière à Port-Huault[2] en racontant partout ses malheurs, une vieille sorcière lui prédit que son royaume lui serait rendu à la venue des coquecigrues[3]. Depuis, on ne sait ce qu'il est devenu. Toutefois on m'a dit qu'il est à présent un pauvre gagne-petit à Lyon, coléreux comme avant. Auprès de chaque étranger, il s'inquiète toujours de la venue des coquecigrues, espérant certainement selon la prophétie de la vieille réintégrer son royaume à leur arrivée.

Quant à Gargantua, il s'occupe de nourrir et de payer ses soldats puis convoque les vaincus pour les haranguer.

1➞ L'Île Bouchard et Rivière sont des villages près de Chinon.
2➞ Localité proche d'Azay-le-Rideau.
3➞ Oiseau fantastique d'invention burlesque. Par la suite, le mot *coquecigrue* prendra le sens de « conte incroyable, sornette ».

Chapitre 50

**La harangue
que fit Gargantua
aux vaincus**

« Du plus loin qu'on s'en souvienne, pour commémorer leurs triomphes et leurs victoires, nos pères, nos aïeux et nos ancêtres ont préféré, après réflexion ou par nature, bâtir des trophées et des monuments dans le cœur des vaincus en les graciant plutôt qu'en construisant sur les terres conquises. Car ils attachaient plus d'importance à la reconnaissance que leur valait leur générosité qu'à des inscriptions muettes sur des arcs de triomphe, des colonnes et des pyramides, sujettes aux intempéries et à la malveillance de chacun.

« Vous pouvez vous souvenir de la douceur avec laquelle ils traitèrent les Bretons à la bataille de Saint-Aubin-du-Cormier et lors du démantèlement de Parthenay[1]. Vous avez appris et, en l'apprenant, admiré le bon traitement qu'ils accordèrent aux barbares de Spagnola[2], qui avaient pillé, dépeuplé et saccagé les territoires maritimes des Sables-d'Olonne et du Talmondais.

« Tout le ciel a été empli des louanges et des compliments que vous-mêmes et vos pères avez faits lorsqu'Alpharbal,

---

1→ Allusion à deux batailles réelles qui eurent lieu respectivement en 1488 et 1487.
2→ Spagnola ou Hispaniola est le nom espagnol d'Haïti. Ce serait le monde à l'envers qu'au XVIe siècle des « sauvages » d'Amérique soient venus attaquer l'Europe !

roi de Canarre[1], non content de son destin, envahit comme
un furieux le pays d'Aunis et exerça la piraterie dans toutes
les îles armoricaines et les régions voisines. Il fut vaincu
dans un combat naval loyal et capturé par mon père.
(Que Dieu le garde et le protège!) Et alors? Alors que les
autres rois et empereurs qui, toutefois, se font appeler
catholiques[2], l'auraient misérablement traité, durement
emprisonné et lourdement rançonné, il le traita courtoise-
ment, il le logea aimablement auprès de lui, dans son palais
et, par une incroyable gentillesse, le renvoya, libre, comblé
de dons, comblé de grâces, comblé de toutes sortes de
témoignages d'amitié. Qu'en est-il advenu? Retourné en
ses terres, Alpharbal réunit tous les princes et les membres
des conseils de son royaume, leur fit part de l'humanité
qu'il avait trouvée chez nous; il les pria de faire en sorte que
le monde entier eût un exemple de leur loyauté bien-
veillante, comme il en avait eu un de notre loyale bien-
veillance. Il fut donc décrété à l'unanimité que leurs terres,
domaines et royaume seraient laissés à notre libre arbitre.
Alpharbal en personne revint aussitôt avec neuf mille
trente-huit grands navires marchands, transportant non
seulement les trésors de sa maison et de la famille royale,
mais presque ceux de tout le pays. Car, alors qu'ils s'embar-
quaient pour faire voile au vent ouest nord-est[3], tous, en

1→ Un roi et un pays imaginaires.
2→ C'est encore une critique de Charles Quint, qui se faisait nommer «roi
catholique» mais qui emprisonna et rançonna François Ier après la bataille
de Pavie en 1525.
3→ Un tel vent est impossible! On voit donc bien que le pays des Canarriens
est une utopie.

foule, jetaient dans les navires or, argent, bagues, joyaux, épices, substances aromatiques et parfums, perroquets, pélicans, guenons, civettes, genettes[1], porcs-épics. Il n'y avait pas fils de bonne mère qui ne jetât dedans ce qu'il possédait de plus rare.

« À son arrivée, Alpharbal voulait embrasser les pieds de mon père, qui estima la chose indigne et ne la toléra pas : il préféra l'embrasser d'égal à égal. Alpharbal offrit ses présents : ils ne furent pas reçus car mon père les trouva excessifs. Alpharbal se livra comme esclave et serf[2] volontaire, lui et sa postérité : ce qui ne fut pas accepté car cela ne semblait pas équitable. Alpharbal céda à mon père ses terres et son royaume, présentant les actes de la transaction et du transfert, dûment signés, scellés et ratifiés par ses conseillers : ce fut totalement refusé et les contrats jetés au feu. Le résultat fut que mon père commença à s'apitoyer et à pleurer copieusement en considérant la bonne volonté et la droiture des Canarriens. Par d'exquises paroles et des propos appropriés, il minimisait sa bonne action envers eux et disait que ce qu'il avait fait ne valait pas un clou et que s'il leur avait montré un peu de générosité, c'est qu'il était tenu de le faire. Mais Alpharbal n'en glorifiait que plus sa conduite. Qu'en résulta-t-il ?

« Alors que nous aurions pu exiger tyranniquement,

1→ Les civettes sont des mammifères carnivores dotées d'une glande secrétant une matière odorante, utilisée en parfumerie. Les genettes sont de la même famille. De plus, elles ont une fourrure recherchée. C'étaient donc des animaux précieux.
2→ Les serfs étaient des paysans attachés à un domaine et propriété de leur seigneur.

comme rançon, vingt fois cent mille écus et retenir en otages les fils aînés[1] du roi, les Canarriens ont décidé de nous payer un tribut perpétuel et, spontanément, nous versent chaque année deux millions en or pur à vingt-quatre carats. La première année, ils nous les payèrent ici même. La deuxième, de leur propre volonté, ils versèrent deux millions trois cent mille écus ; la troisième, deux millions six cent mille ; la quatrième, trois millions, et ils augmentent toujours, de leur plein gré, si bien que nous serons contraints de leur interdire de nous apporter plus. C'est la nature même de la générosité : car le temps qui ronge et amoindrit toute chose augmente et accroît les bienfaits parce qu'une bonne action, noblement accomplie envers un homme raisonnable, augmente continuellement sous l'effet de sa noblesse d'esprit et du souvenir.

« Je ne veux manquer en rien à la générosité héréditaire de mes parents : maintenant je vous pardonne, vous délivre et vous laisse partir libres et indépendants comme auparavant. De plus, quand vous aurez franchi les portes, vous serez tous payés pour trois mois ; vous pourrez ainsi vous retirer dans vos maisons et auprès de vos familles. Six cents hommes d'armes et huit mille fantassins vous conduiront en sûreté, sous la conduite de mon écuyer Alexandre, afin que vous ne soyez pas malmenés par mes paysans. Dieu soit avec vous !

1→ Après la bataille de Pavie, en 1525, avant d'accepter de libérer le roi de France, François Ier, Charles Quint prit en otages ses deux enfants. Ils ne rentrèrent en France qu'en 1530.

« Je regrette de tout mon cœur que Picrochole ne soit pas ici car je lui aurais expliqué que cette guerre s'était faite sans ma volonté et sans espoir d'accroître ni mon bien ni ma renommée. Mais, puisqu'il a disparu et qu'on ne sait où ni comment il s'est évanoui, je veux que son royaume revienne intégralement à son fils. Puisque celui-ci est encore d'un âge trop tendre (il n'a pas encore cinq ans révolus), il sera dirigé et instruit par les princes âgés et les savants du royaume. Et, comme un royaume ainsi privé de son chef serait facilement ruiné par la convoitise et la cupidité de ses administrateurs, je veux et j'ordonne que Ponocrates ait la haute main sur tous ses gouverneurs, avec l'autorité requise, et qu'il veille sur l'enfant, jusqu'à ce qu'il le trouve capable de gouverner et de régner par lui-même.

« Je considère que c'est de la faiblesse et de la lâcheté que de pardonner aux malfaisants. Cela leur donne l'occasion de recommencer tranquillement à mal faire en raison de cette néfaste confiance qu'ils ont d'être graciés.

« Je considère que Moïse, l'homme le plus doux qui fût sur terre à son époque[1], punissait sévèrement les mutins et les révoltés du peuple d'Israël.

« Je considère que Jules César, dont Cicéron dit que son bonheur n'était complet que lorsqu'il pouvait sauver chacun et lui pardonner et que sa vertu n'était meilleure que quand il le voulait, était un empereur débonnaire, mais il punissait parfois les rebelles très rigoureusement.

---

[1] Expression traduite littéralement de la Bible (Nombres XII, 3).

Réflexion sur la royauté

La réflexion sur le gouvernement est une préoccupation des humanistes, tels Érasme et Budé. Sans remettre en question la monarchie héréditaire, conforme au « droit naturel » (voir *Gargantua*, chapitre 29), Rabelais propose un portrait du bon roi. Grandgousier, Gargantua et Pantagruel représentent ce monarque idéal. En contrepoint sont présentés les mauvais rois, les tyrans : Anarche et surtout Picrochole.

Envers leurs sujets qui les nourrissent, les monarques ont des devoirs et les bons rois ne les esquivent pas. Comme Grandgousier, le bon roi est soucieux du bonheur de ses sujets, il les protège, il est pacifique, ne cherche pas à faire de conquêtes et n'engage une guerre qu'en cas de légitime défense, après avoir épuisé toutes les ressources d'une prudente politique d'apaisement.

Au combat, il doit être courageux et fin stratège. Vainqueur, il est juste, humain et généreux mais sans faiblesse. Il s'entoure de bons conseillers qui ont en vue l'intérêt général. Le mauvais roi ne pense qu'à sa puissance, part à la conquête du monde, n'a aucun souci de la justice et s'entoure de mauvais conseillers qui le flattent et alimentent ses folies. Si le bon roi est vertueux, c'est grâce à sa piété. Il fait autorité en matière de religion, avec une tendance évangélique. Il prie, prend conseil auprès de Dieu : on voit Grandgousier et Pantagruel se recueillir avant d'engager la guerre. Cependant Picrochole, par orgueil, s'est libéré de Dieu et pense pouvoir se diriger seul, sans la grâce divine : il court au désastre. C'est pourquoi l'éducation du prince tient une place aussi importante dans les deux romans : une éducation humaniste doit lui permettre de

connaître tous les devoirs et toutes les implications de sa charge et de concilier morale chrétienne et politique.

À travers Picrochole, Rabelais a caricaturé l'empereur du Saint Empire germanique, roi d'Espagne et de Sicile : Charles Quint et ses plans de conquête du monde, lui dont la devise était « Plus outre » et sur les possessions duquel, disait-on, le soleil ne se couchait jamais. Plusieurs allusions à l'attitude de l'empereur étaient très claires pour les contemporains de Rabelais. (Voir note 2 p. 130.)

Dans les deux romans de Rabelais, la conduite des géants semble être un message pour François Ier : qu'il soit un « roi philosophe », selon le mot de Platon, repris par Gargantua au chapitre 45, et qu'il aide à répandre le catholicisme évangélique, pour le bien-être de ses sujets.

« En vertu de ces exemples, je veux qu'avant de partir, vous me livriez, premièrement ce beau Marquet, qui a été source et cause première de cette guerre par sa vaine arrogance ; deuxièmement ses compagnons fouaciers, qui négligèrent de calmer sa tête folle aussitôt ; et finalement tous les conseillers, capitaines, officiers et domestiques de Picrochole, qui l'ont incité, loué ou conseillé de sortir de ses frontières pour nous inquiéter ainsi. »

Chapitre 51

**Comment
les partisans
de Gargantua,
vainqueurs,
furent récompensés
après la bataille**

Gargantua punit les chefs ennemis en les faisant travailler aux presses de l'imprimerie qu'il vient de fonder. Il fait enterrer les morts, soigner les blessés, réparer les dommages causés par la guerre. Il renvoie ses légions après les avoir remerciées et retourne chez Grandgousier, qui, bien entendu, leur prépare un festin et les récompense tous somptueusement.

Chapitre 52

Comment Gargantua fit construire pour le moine l'abbaye de Thélème[1]

Il ne restait plus à récompenser que le moine, que Gargantua voulait faire abbé de Seuilly ; mais il refusa. Il voulut lui donner l'abbaye de Bourgueil ou celle de Saint-Florent[2] : celle qu'il préférerait ou les deux, s'il voulait. Mais le moine lui répondit fermement qu'il ne voulait ni se charger ni gouverner des moines :

– Car comment pourrais-je gouverner autrui, dit-il, alors que je ne sais même pas me gouverner moi-même ? Si vous avez l'impression que je vous ai rendu et que je peux vous rendre à l'avenir un service agréable, accordez-moi de fonder une abbaye à mon gré.

La demande plut à Gargantua qui offrit tout son pays de Thélème, le long de la Loire, à deux lieues de la grande forêt de Port-Huault. Le moine demanda à Gargantua que son ordre[3] fût institué contrairement à tous les autres.

– Alors, en premier lieu, dit Gargantua, il ne faudra pas bâtir de murailles autour car toutes les autres abbayes sont férocement murées.

1→ Thélème vient d'un mot grec qui signifie « volonté », « désir ».
2→ Ces deux abbayes étaient parmi les plus riches d'Anjou.
3→ Les moines ne suivent pas tous les mêmes règles de vie. Un ensemble d'abbayes qui suivent les mêmes règles constitue ce qu'on appelle un ordre.

– C'est vrai, dit le moine et non sans raison : là où il y a mur devant et derrière, il y a murmure, envie et conspiration mutuelle.

De plus, en certains couvents de ce monde, il est d'usage, si une femme entre (je veux dire une femme prude et pudique), de nettoyer l'endroit où elle est passée. Là, on ordonna que, au cas où il entrerait un religieux ou une religieuse, on nettoierait soigneusement tous les lieux par lesquels il serait passé. Et parce que, dans les couvents de ce monde, tout est mesuré, limité, réglé par des horaires, on décréta qu'ici, il n'y aurait ni horloge ni cadran mais que chaque ouvrage serait distribué au gré des occasions et des circonstances. Car, disait Gargantua, il n'y avait pas de plus réelle perte de temps que de compter les heures – quel bien en tire-t-on ? – et la plus grande sottise au monde était de se gouverner au son d'une cloche et non selon ce que dictent le bon sens et la raison.

En outre, parce qu'en ce temps-là, on ne faisait entrer en religion que des femmes borgnes, boiteuses, bossues, laides, décrépites, folles, insensées, difformes et tarées et des hommes tousseux, des avortons, niais, lourdauds [...], on ordonna que ne soient reçus que les belles, bien faites, d'heureuse nature et les beaux, bien faits et d'heureuse nature.

En outre, parce que, dans les couvents de femmes, les hommes n'entraient qu'en cachette et clandestinement, on décréta qu'il n'y aurait pas de femmes sans qu'il y eût des hommes, ni d'hommes sans qu'il y eût des femmes.

En outre, parce que les hommes comme les femmes,

une fois entrés en religion après leur année de noviciat[1], étaient contraints et forcés d'y demeurer perpétuellement, leur vie durant, on établit que les hommes comme les femmes qu'on y recevrait, sortiraient quand bon leur semblerait, en pleine et entière liberté.

En outre, parce que d'ordinaire les religieux faisaient trois vœux : chasteté, pauvreté et obéissance, on institua qu'on pourrait y vivre honorablement en étant marié et que chacun serait riche et vivrait en liberté. Quant à l'âge légal, on recevait les femmes de dix jusqu'à quinze ans et les hommes de douze jusqu'à dix-huit[2].

Chapitre 53

Comment fut bâtie et dotée l'abbaye des Thélémites

Gargantua donne de l'argent pour la construction, l'aménagement et l'entretien de la nouvelle abbaye, bâtie près de la Loire.

1→ Avant de devenir moine ou religieuse, on était novice (c'est-à-dire nouveau). Cette année de noviciat devait permettre de décider si la vocation était sérieuse. Ensuite on « prononçait ses vœux ». Puis on ne pouvait plus quitter l'état de moine ou de religieuse. Rabelais, qui avait quitté son couvent sans autorisation pour aller étudier la médecine, dut demander son pardon au pape.
2→ Au XVIe siècle, l'âge légal de la majorité était quatorze ans. Notre conception moderne de l'adolescence n'existe pas.

[...]

Le bâtiment était de forme hexagonale et conçu de telle sorte que, à chaque angle, était bâtie une grosse tour ronde, d'un diamètre de soixante pas[1]; elles étaient toutes semblables en grosseur et en forme. Au nord coulait la Loire, auprès de laquelle était située la tour nommée Arctique. À l'est, une autre tour nommée Bel Air; ensuite la tour du Levant; puis la Méridionale, puis la tour du Couchant et la dernière, la tour Glaciale. Entre chaque tour, un espace de trois cent douze pas[2]. Le tout comportait six étages, en comptant les caves souterraines. Le second étage avait une voûte en anse de panier[3]. Les autres étaient revêtus de stuc moulé en culs-de-lampe[4]; le toit, couvert d'ardoise fine, s'achevait par un faîtage de plomb orné de petits personnages et animaux bien assortis et dorés. Les gouttières, qui saillaient de la muraille entre les fenêtres, étaient peintes en diagonales d'or et d'azur[5] jusqu'au sol où elles aboutissaient à de grands chenaux, qui tous conduisaient à la rivière en contrebas du logis.

Ce bâtiment était cent fois plus magnifique que Bonnivet, Chambord et Chantilly[6] car il comptait neuf mille

---

[1] À peu près 50 m. Le pas mesurait environ 80 cm.

[2] Environ 260 m.

[3] C'était le style à la mode au début du XVIe siècle. Il s'agit d'une voûte à courbe surbaissée.

[4] Le stuc est du plâtre fin, servant à faire des moulures décoratives. Le cul-de-lampe est un ornement dont la forme rappelait le dessous d'une lampe d'église.

[5] Bleu azur et or sont les couleurs du blason du royaume de France.

[6] Ce sont les trois châteaux les plus célèbres de l'époque. Bonnivet est à peine achevé en 1534; la construction des deux autres n'est pas encore terminée.

trois cent trente deux chambres ; chacune comportait une arrière chambre, un cabinet de travail, une garde-robe, une chapelle et donnait sur une grande salle. Entre chaque tour, au milieu du corps de logis, se trouvait un escalier à vis, coupé par des paliers, dont les marches, pour une part en porphyre, pour une part en pierre de Numidie, pour une part en marbre serpentin[1] étaient longues de vingt-deux pieds et épaisses de trois doigts[2] et les marches au nombre de douze entre chaque palier. À chaque palier, deux belles arcades à l'antique laissaient pénétrer la lumière et donnaient accès à une loggia à claire voie, de la largeur de l'escalier. Celui-ci montait jusqu'au toit et là, se terminait par un pavillon. Par cet escalier, on accédait, de chaque côté, à une grande salle et de la salle aux appartements.

De la tour Arctique à la tour Glaciale s'étendaient de belles et grandes bibliothèques en grec, latin, hébreu, français, italien et espagnol, réparties sur les divers étages, selon la langue.

Au milieu, il y avait un merveilleux escalier, qui s'ouvrait à l'extérieur, par une arcade large de six toises[3]. Sa structure et sa taille permettaient à six cavaliers de monter de front, la lance sur la cuisse, jusqu'au faîte du bâtiment.

De la tour du Levant à la tour Méridionale s'ouvraient de belles galeries peintes, représentant d'antiques prouesses,

---

1→ Ce sont des pierres de valeur, utilisées pour la décoration luxueuse. Le porphyre est rouge foncé et la serpentine, verte tachetée de rouge et de blanc. La pierre de Numidie est un marbre rouge.
2→ Environ 7 m de long (le pied de Paris mesurait 32,5 cm) et 5 à 6 cm d'épaisseur, le doigt représentant en viron 1,8 cm, soit l'épaisseur d'un doigt.
3→ Soit une douzaine de mètres.

Les bibliothèques

Alors qu'il n'est pas question d'église, on voit la place considérable qu'elles occupent dans cette abbaye, qui est un lieu d'étude. De plus, à la différence des abbayes du Moyen Âge, elles sont accessibles à tous. Dans la bibliothèque sont rassemblés des ouvrages en six langues. Trois en langues anciennes : le grec et le latin sont les langues de la culture antique, des « humanités » chères aux humanistes, la culture qu'il faut connaître, admirer et dont il faut s'inspirer. (Voir la lettre de Gargantua à son fils dans *Pantagruel*.) Mais, avec l'hébreu, ce sont aussi les langues qu'il faut maîtriser pour lire les textes sacrés et ainsi adorer Dieu en connaissance de cause.

Qu'en est-il des trois langues modernes ? Au XVIe siècle, l'italien et l'espagnol sont les langues de la culture ; les Italiens étaient les précurseurs de la Renaissance, ceux dont les Français avaient appris, lors des guerres d'Italie, à admirer et imiter la civilisation, l'art et la littérature ; et, même si son roi, Charles Quint, était le grand ennemi de François Ier, on s'inclinait devant l'Espagne, l'empire sur lequel le soleil ne se couchait jamais, celui des conquistadors. Mais on trouve aussi des ouvrages en français car un mouvement pour « la défense et l'illustration » de cette langue se dessine et trouvera son apogée quinze ans plus tard, avec les poètes de la Pléiade, dont les plus connus de nos jours sont Pierre de Ronsard et Joachim du Bellay.

histoires et descriptions de la terre. Au milieu étaient une montée et une porte, identiques à celles dont nous avons parlé. Sur la porte, en grosses lettres latines, on pouvait lire l'inscription suivante :

Chapitre 54

Inscription affichée
sur la grande porte de Thélème

N'entrez pas ici, hypocrites, bigots,
Vieilles guenons, imposteurs, boursouflés,
Faux dévots[1], plus sots que n'étaient les Goths
Et les Ostrogoths[2], précurseurs des magots,
Comédiens, déloyaux, cafards empantouflés,
Gueux camouflés, moines ridicules,
Méprisés, enflés, allumeurs de bûchers !
Filez ailleurs pour vendre vos abus.

Vos abus méchants
Rempliraient mes champs
De méchanceté ;
Et par fausseté
Troubleraient mes chants
Vos abus méchants.

1→ Les dévots sont très attachés à la religion et à ses pratiques. On pourrait dire des bigots qu'ils en font trop. Il y a une nuance péjorative de comédie et d'hypocrisie (comme dans « faux dévots » d'ailleurs). C'est pourquoi il les traite aussi de guenons et plus loin de magots, les magots étant une race de singe.
2→ Le langage populaire confondait les Goths et les Ostrogoths, ces peuplades germaniques qui envahirent l'Empire romain au IIIᵉ siècle et dont le souvenir effrayant était encore vivace, avec Gog et Magog, les ennemis de Dieu cités dans la Bible.

N'entrez pas ici, hommes de loi mâche-foin[1],
Clercs, basochiens[2] qui dévorez le peuple,
Juges, scribes et pharisiens[3],
Juges anciens qui, comme on fait aux chiens,
Jetez au charnier tous les bons chrétiens ;
Votre salaire est au gibet.
Allez-y braire ! Ici il n'est aucun excès
Dont vous pouvez espérer un procès.

Procès et débats
Procurent peu d'endroits,
Où l'on vient s'ébattre.
Quant à vous, pour débattre,
Ayez plein vos cabas
Procès et débats.

N'entrez pas ici, usuriers avares,
Gloutons, lécheurs, qui toujours amassez,
Rapaces, avaleurs de brouillard,
Courbés, camards, et, dans vos armoires
De mille marcs[4] vous n'auriez pas assez.

---

[1] L'expression signifiait « insatiables ».
[2] Les clercs sont ici des hommes de loi. La basoche est la corporation des clercs.
[3] Allusion aux Évangiles : comparaison des hommes de loi corrompus avec les scribes et les pharisiens, des docteurs de la loi que Jésus trouvait trop attachés à la forme et non à l'esprit des lois.
[4] Le marc est une monnaie d'argent, qui avait cours notamment à Venise.

N'êtes-vous pas écœurés d'entasser,
De ramasser ? Feignasses à maigre face ;
Que la male mort, de ce pas, vous efface !

Que de tels gens on mène
La face inhumaine
Tondre les hommes ailleurs.
Ici, c'est inconvenant.
Quittez ce domaine
Faces inhumaines.

N'entrez pas ici, cerbères crétins[1],
Ni le soir ni le matin, vieux ronchons jaloux ;
Vous non plus, râleurs, mécontents,

Larves[2], lutins, gardes du palais du Danger[3],
Grecs ou Latins, plus à craindre que des loups ;
Ni vous galeux, vérolés jusqu'aux os ;
Portez vos chancres ailleurs paître avec bonheur[4],
Croûteux, couverts de déshonneur !

1→ Rabelais s'attaque maintenant aux maris jaloux, qui surveillent
leur femme constamment.
2→ Au sens latin du terme : « âmes des morts qui, n'ayant pas été enterrés
selon les rites, venaient hanter les vivants ».
3→ Allusion au *Roman de la Rose*, poème didactique du XIIIᵉ siècle, qui
connaissait encore un grand succès. Ce poème utilise beaucoup d'allégories
et le Palais de Danger représente le mari jaloux.
4→ Ici, Rabelais semble mépriser les vérolés ; il n'a pas la même attitude
que dans le prologue où il évoque les « vérolés très précieux ».

Honneur, louange, plaisir
Doivent ici réjouir,
D'un joyeux accord.
Tous sont sains de corps ;
Aussi je leur dis :
Honneur, louange, plaisir.

Entrez ici et soyez bienvenus,
Et bien reçus, vous tous, nobles chevaliers !
C'est ici le lieu où les revenus
Sont bien perçus, afin que, par milliers
Grands et petits, vous soyez entretenus.
Vous serez mes intimes et mes familiers :
Galants, gaillards, joyeux, plaisants, coquets,
En général, tous gentils compagnons.

Compagnons gentils,
Sereins et subtils,
Loin de la bassesse,
De délicatesse
Ici sont les outils,
Compagnons gentils.

Entrez ici, vous, qui, l'esprit agile
Annoncez l'Évangile, bien qu'on gronde :
Ici vous aurez refuge et bastille
Contre l'erreur hostile qui distille
Son faux style pour empoisonner le monde :
Entrez, qu'on fonde ici la foi profonde,

Puis qu'on confonde, oralement et par écrit,
Les ennemis de la sainte parole[1].

Que la parole sainte
Ne soit pas éteinte
En ce lieu très saint ;
Que chacun en soit ceint ;
Que chacune ait l'empreinte
De la parole sainte.

Entrez ici, dames de haut parage[2],
Avec courage, et sous d'heureux présages !
Fleurs de beauté au céleste visage,
À la taille droite, au maintien prude et sage,
Cet endroit est le séjour de l'honneur.
Le grand seigneur, qui en fut donateur
Et bienfaiteur, pour vous l'a ordonné
Et pour parer aux frais, beaucoup d'or a donné.

L'or donné par don
Ordonne pardon
À celui qui donne,
Et c'est bienfaisance
Pour l'homme de sens
L'or donné par don.

1→ Thélème sera également un refuge pour ceux qui prêchent intelligemment
le saint Évangile et sont persécutés. Ce sont les évangéliques, ces catholiques
qui, comme Rabelais, pensent qu'il faut comprendre la parole de Dieu pour
en percevoir la grandeur. (Voir chap. 23 et l'encadré p. 121.)
2→ *De haut parage* signifie « de haute naissance ».

Un poème
de tradition médiévale

Ce poème est écrit dans le style de la fin du Moyen Âge (style des grands rhétoriqueurs) sous une forme assez complexe : avec des rimes très riches, des rimes dites « batelées » où le dernier mot d'un vers rime avec le mot placé devant l'hémistiche du vers suivant. Si elle veut être lisible, la traduction ne rend que médiocrement les effets de style.

Chapitre 55

Comment était le manoir des Thélémites

Au milieu de la cour intérieure, il y avait une fontaine magnifique en bel albâtre. Au-dessus, les trois Grâces, portant des cornes d'abondance, rejetaient de l'eau par les mamelles, la bouche, les oreilles, les yeux et les autres orifices du corps. Dans cette cour, de gros piliers de calcédoine[1] et de porphyre avec des arcs à l'antique soutenaient un bâtiment composé de belles et vastes galeries, ornées de peinture, de bois de cerfs, de cornes de licornes, de rhinocéros, de dents d'hippopotame, d'éléphants et d'autres choses admirables.

1► La calcédoine est une pierre précieuse, légèrement teintée de différentes couleurs.

Les appartements des dames s'étendaient de la tour Arctique à la tour Méridionale. À l'extérieur, entre les deux tours, en face des appartements des dames, se trouvaient, pour leur distraction, les lices[1], l'hippodrome, le théâtre et des bassins avec de mirifiques piscines à trois niveaux, bien garnies de tout l'équipement et d'eau de myrrhe[2] en abondance.

Le long de la rivière était un beau jardin d'agrément; en son milieu, un beau labyrinthe. Entre les deux autres tours se trouvaient les jeux de paume et de ballon. Du côté de la tour Glaciale, il y avait le verger plein de toutes sortes d'arbres fruitiers plantés en quinconce. Au bout s'étendait un grand parc, foisonnant de bêtes sauvages.

Entre les deux dernières tours se trouvaient les buttes pour tirer à l'arquebuse, à l'arc et à l'arbalète; à l'extérieur de la tour du Couchant, les communs à un seul étage; les écuries au-delà des communs; devant les écuries, la fauconnerie[3]. [...] Le chenil était un peu plus loin, vers le parc.

La tapisserie de toutes les salles, chambres et cabinets de travail variait selon les saisons. Le carrelage était recouvert de lainage vert, les lits de broderie. Dans chaque arrière chambre, il y avait un miroir de cristal, encadré d'or fin et garni de perles, si grand qu'il pouvait refléter la personne

---

1→ On nommait *lices* les terrains où se déroulaient les tournois.
2→ La myrrhe est un parfum.
3→ La chasse était le divertissement de la noblesse. On la pratiquait à cheval, avec des chiens (chasse à courre) ou des oiseaux de proie, comme les faucons (chasse au vol).

L'architecture de la Renaissance

L'architecture et la décoration de l'abbaye de Thélème reflète le nouveau goût français de la Renaissance.
Si les Français ont perdu les guerres d'Italie, elles leur ont permis de se frotter à la culture des riches cités italiennes comme Florence.
Ils y ont découvert un nouvel art de vivre et une nouvelle architecture.
Les nobles ont pu comparer la rudesse médiévale de leur vie à celle plus raffinée des courtisans italiens. Le pape Jules II à Rome, les Médicis à Florence et les autres princes veulent donner de l'éclat à leurs villes, leurs châteaux. Passionnés de culture antique, ils s'inspirent de l'architecture romaine, que de récentes fouilles ont mise au jour.
Les progrès de l'art de la guerre et de l'artillerie ont rendu inutiles l'architecture défensive des châteaux. Les architectes italiens, Bramante, Léonard de Vinci, Michel Ange[1] construisent des bâtiments à façades plates, où se croisent lignes horizontales et verticalité des colonnes et des pilastres selon le modèle antique.
De hautes fenêtres s'ouvrent sur l'extérieur. Les architectes français, comme Philibert Delorme, ami de Rabelais, se sont formés en Italie et allient le goût italien à la tradition française, dans la construction de châteaux en Île-de-France et au bord de la Loire.
On recherche également une atmosphère de confort – ainsi commence-t-on à utiliser le verre à vitre – et même de luxe. Les décorations extérieures et intérieures deviennent somptueuses, les arts décoratifs se développent : tapisserie, orfèvrerie, céramiques, art du meuble… François Ier a fait venir en France de nombreux artistes, comme Benvenuto Cellini, orfèvre et sculpteur, et des artistes français acquièrent une grande renommée comme Bernard Palissy.
On entoure les châteaux de parcs.
C'est ce type de bâtiment que décrit Rabelais à travers l'abbaye de Thélème, avec son architecture, sa décoration intérieure et extérieure, son luxueux mobilier et les artistes et les artisans qui s'y côtoient (voir chapitre 53 et 55).
Située au bord de la Loire, elle peut soutenir la comparaison avec les plus magnifiques châteaux de la Renaissance. Au luxe des bâtiments répond le luxe des vêtements des apprentis courtisans qui la peuplent.

1→ Ils étaient peintres, sculpteurs, architecte, ingénieurs…
François Ier fit venir Léonard de Vinci en France en 1515.

entière[1]. Aux portes des appartements des dames se tenaient les parfumeurs, les coiffeurs entre les mains desquels passaient les hommes quand ils rendaient visite aux dames. Chaque matin, ils fournissaient les chambres des dames d'eau de rose, de myrte et de fleur d'oranger et apportaient à chacune un précieux brûle-parfum exhalant des vapeurs aromatiques.

Chapitre 56

**Comment
étaient vêtus
les religieux et
religieuses
de Thélème**

Rabelais donne une description très détaillée des vêtements des Thélémites, en insistant sur le luxe, la beauté et la variété de ces costumes où abondent les riches tissus, les broderies, les pierres précieuses, les perles et l'or. Les formes sont les plus à la mode, tant pour les hommes que pour les femmes. Ce sont les femmes qui décident chaque jour des couleurs qu'elles et leurs chevaliers servants porteront.

1→ Il était, à l'époque, presque impossible de fabriquer d'aussi grands miroirs. Ils représentent un luxe inouï.

Ne pensez pas qu'elles perdaient leur temps à préparer ces vêtements si élégants et ces parures si riches car les maîtres des garde-robes les leur présentaient tout prêts, chaque matin. Et leurs femmes de chambre étaient si expérimentées qu'en un instant elles étaient prêtes et habillées de pied en cap. Quant aux parures, il y avait près du bois de Thélème, un grand bâtiment, long d'une demi lieue, bien clair et bien installé, où demeuraient les orfèvres, les lapidaires, les brodeurs, les tailleurs, les fileurs d'or, les veloutiers, les tapissiers, les tisseurs. Chacun y travaillait à son métier, uniquement pour les religieux et religieuses. […]

Chapitre 57

Comment était réglé le mode de vie des Thélémites

Toute leur vie était organisée, non pas par des lois, des statuts et des règles mais à leur gré et selon leur libre volonté. Ils se levaient du lit quand bon leur semblait, buvaient, mangeaient, travaillaient, dormaient quand le désir leur en venait. Nul ne les éveillait, nul ne les forçait à boire, à manger, ni à faire autre chose. Ainsi en avait décidé Gargantua. Et leur règlement ne comportait que cette clause :

FAIS CE QUE TU VOUDRAS,

parce que des gens libres, bien nés, bien formés, vivant en bonne société, ont par nature un instinct, un aiguillon qu'ils appellent honneur, qui toujours les pousse à la vertu et les éloigne du vice. Quand ils sont opprimés et asservis par un vil assujettissement et par la contrainte, ils détournent, pour se débarrasser de ce joug de servitude et lui échapper, le noble penchant qui les aurait poussés à la vertu s'ils avaient été libres : car nous entreprenons toujours ce qu'on nous défend et nous convoitons ce qu'on nous refuse.

Grâce à cette liberté, ils rivalisèrent d'efforts pour faire, tous, ce qu'ils voyaient plaire à un seul. Si l'un ou l'une d'entre eux disait : « Buvons », tous buvaient ; si quelqu'un disait : « Jouons », tous jouaient ; si quelqu'un disait : « Allons nous amuser dans les champs », tous y allaient. Si c'était pour chasser au vol ou à courre[1], les dames, montées sur de belles haquenées, avec leur fier palefroi[2], portaient chacune, sur leur poing mignonnement ganté, un épervier, un lanier ou un émerillon[3]. Les hommes portaient les autres oiseaux.

Ils avaient été si noblement éduqués qu'il n'y en avait aucun qui ne sût lire, écrire, chanter, jouer d'instruments

---

1• Voir note 3, p. 148.
2• Les haquenées sont des juments, très calmes, réservées aux promenades des dames, et les palefrois sont des chevaux plus rapides pour la chasse. À cette époque où le cheval jouait un rôle très important dans la vie quotidienne, il y avait beaucoup de noms spécialisés, selon les emplois qu'on devait en faire. Voir note 3, p. 61.
3• Le lanier et l'émerillon sont des faucons. Le premier est dressé pour chasser le lapin et la perdrix. L'émerillon est le plus petit des faucons, c'est pourquoi on le réservait aux femmes.

Thélème, une utopie

Frère Jean, qui est lui-même un moine peu conventionnel, et Gargantua veulent faire de Thélème, dont le nom signifie « volonté », « désir », une anti-abbaye. Dans tout le roman, Rabelais critique les moines. Certes, c'était une critique traditionnelle dans la littérature comique du Moyen Âge : les moines étaient présentés comme paillards, gourmands et paresseux. Mais dans cet épisode final du roman, situé à une place importante, pas de comique : le ton est soutenu, le propos sérieux. Toutes les contraintes des abbayes traditionnelles sont abolies : pas de prière à heure fixe (il n'est même jamais question de religion, excepté pour dire que chaque chambre est pourvue d'un lieu de prière

individuelle), pas d'horaire, par contre, la mixité et la possibilité de quitter l'abbaye à son gré. Sont aussi bannis les trois vœux traditionnels des moines : obéissance, pauvreté, chasteté. Cependant les mœurs de l'abbaye ne sont pas dissolues pour autant : mais les jeunes gens et les jeunes filles qui y résident ont la possibilité de rencontrer l'âme sœur et de faire un mariage heureux.
En quoi est-ce une utopie ? Le mot, présent dans *Pantagruel*, a été forgé quelques années plus tôt par l'Anglais Thomas More, sur une étymologie grecque un peu incertaine : *ou topos*, le non-lieu, le lieu qui n'existe pas ou *eu topos*, le bon lieu. Utopie est un pays

imaginaire où le gouvernement idéal rend les habitants heureux. Et voilà bien ce qu'est Thélème : un lieu idéal où chacun se gouverne soi-même pour le bonheur de tous. Cette utopie suppose que la liberté individuelle sera employée au bien de la communauté. Ce qui suppose une grande confiance en la nature humaine, à condition que chacun soit cultivé, selon les préceptes humanistes. On retrouve la foi de Rabelais en l'éducation.
Mais Thélème est un monde à part, réservé à une jeunesse aristocratique et riche, soustraite aux inquiétudes du monde extérieur. Elle veut former des courtisans idéaux, plutôt que des savants ou de bons rois, comme tend à le faire l'éducation de Gargantua.

de musique, parler cinq à six langues dans lesquelles ils pouvaient composer, aussi bien en vers qu'en prose. Jamais on ne vit des chevaliers si preux, si élégants, si habiles à pied et à cheval, si vigoureux, si vifs, maniant mieux les armes que ceux qui étaient là. Jamais on ne vit de dames si élégantes, si mignonnes, moins désagréables, plus douées, aussi bien à la main qu'à l'aiguille pour tous les ouvrages dignes d'une femme noble et libre, que celles qui étaient là.

C'est pourquoi, quand, le moment venu, à la requête de ses parents ou pour tout autre raison, quelqu'un voulait quitter cette abbaye, il emmenait avec lui une des dames, celle qui l'avait pris pour chevalier servant et ils étaient mariés ensemble. Cette amitié et cette affection, dans lesquelles ils avaient vécu à Thélème, se renforçaient dans le mariage : ils s'aimaient tout autant à la fin de leurs jours qu'au premier jour de leurs noces. […]

Chapitre 58

**Énigme
en prophétie**

Pour terminer son ouvrage, Rabelais rapporte une énigme qui aurait été trouvée en creusant les fondations de l'abbaye. C'est Frère Jean qui débrouille cette énigme, écrite dans le style compliqué des prophéties populaires, très écoutées à cette époque : elle décrit simplement un jeu de paume[1].

FIN

PANTAGRUEL

Roi des Dipsodes[1]
Raconté selon la vérité,
Avec ses actes et
ses prouesses épouvantables

Composé par feu Maître Alcofribas,
abstracteur de quintessence[2]

D'après l'édition définitive de 1542

1→ *Dipsode* est un mot formé sur le grec, qui signifie « assoiffé ».
2→ Voir note 2, p. 13.

Dizain de
Maître Hugues Salel
à l'auteur

Rabelais emprunte son introduction à ce poète, son contemporain, qui affirme :
« Dans ce livre, sous une apparence plaisante,
Il y a une leçon très utile... »

Prologue de l'auteur

Le prologue s'adresse aux « très illustres et très valeureux héros, gentilshommes et autres, qui volontiers vous adonnez à toutes les occupations nobles et honorables... » qui ont lu les anciennes chroniques de Gargantua, dont ils tiraient un grand réconfort. Ce nouveau livre présentera les mêmes avantages. De plus, l'auteur jure que toute cette histoire est véridique.

Chapitre 1

**L'origine
très ancienne
du grand Pantagruel** Sa lignée remonte à l'origine du monde, l'année où Caïn assassina son frère Abel. La terre, nourrie du sang de la victime, produisit des fruits en abondance et particulièrement des nèfles[1].

… Les hommes et les femmes de ce temps mangeaient de ce fruit avec le plus grand plaisir.

Mais il leur en arriva des accidents bien divers car tous furent atteints d'une enflure très horrible sur le corps, mais pas tous au même endroit : certains enflaient du ventre et leur ventre devenait bossu comme un gros tonneau, sur lequel est écrit « *Ventrem omnipotentem*[2] » ; ils furent tous des gens de bien et de joyeux lurons. C'est de cette race que naquit saint Pansart[3] fêté au Mardi gras.

D'autres enflaient des épaules et ils étaient si bossus qu'on les appelait « montifères », c'est-à-dire porte-montagnes. Vous en voyez encore de par le monde, de divers sexes et de divers états. Ésope[4], dont vous avez pu lire les beaux faits et les belles paroles, en est issu.

---

[1] Fruit comestible d'un arbuste, peu consommé de nos jours en Europe.
[2] En latin : « ventre tout-puissant ». Parodie d'une prière, le *Credo*, dans laquelle on s'adressait à Dieu en le nommant *patrem omnipotentem* : « père tout-puissant ».
[3] Ce saint n'existe pas. Son nom signifie « saint Ventru ».
[4] Ésope est un fabuliste grec du VIe siècle avant notre ère. Il était bossu.

Les autres enflaient en longueur, par le membre qu'on nomme le « laboureur de la nature » : ils l'avaient merveilleusement long, grand, gros, gras, vigoureux et dressé à la mode des statues antiques. Et ils s'en servaient de ceinture, s'en entourant le corps cinq à six fois. Et si, par hasard, il était en forme et avait le vent en poupe, à les voir vous auriez dit que ces gens avaient leurs lances prêtes pour jouer à la quintaine[1]. Mais la race s'en est perdue, comme le disent les femmes qui se plaignent continuellement qu'

« Il n'en reste plus de ces gros… »

Vous savez le reste de la chanson.

À d'autres les couilles croissaient tellement qu'avec trois, on remplissait bien un muid[2]. C'est d'eux que descendent les couilles de Lorraine, qui jamais ne se logent dans une braguette mais tombent au fond des chausses.

D'autres se développaient par les jambes et, à les voir, vous auriez dit des grues ou des flamants ou bien des gens montés sur des échasses [།] Aux autres, le nez grandissait tellement qu'il ressemblait au serpentin d'un alambic, tout irisé, tout constellé de pustules, considérable, empourpré, bourgeonnant, tout émaillé, tout boutonneux et coloré d'écarlate [།] Dans cette race, peu de gens aimaient la tisane mais tous étaient amateurs de purée de septembre[3]. [།]

1→ C'était une forme d'entraînement militaire. Il s'agissait, pour des cavaliers au galop, de frapper un mannequin en plein centre du corps en tenant sa lance parfaitement droite.
2→ Voir note 1, p. 50.
3→ C'est-à-dire de vin. Voir note 2, p. 27.

D'autres croissaient par les oreilles, qu'ils avaient si grandes que, de l'une, ils se faisaient un pourpoint et, de l'autre, ils se couvraient comme d'une cape à l'espagnole. [...]

D'autres croissaient en s'allongeant. Et de ceux-là sont issus les géants, et par eux, Pantagruel.

Et le premier fut Chalbroth,

Qui engendra Sarabroth,

Qui engendra Faribroth,

Qui engendra Hurtaly, qui fut un gros mangeur de pain et régna au temps du déluge,

Qui engendra Nembroth,

Qui engendra Atlas, qui, avec ses épaules empêcha le ciel de tomber,

Qui engendra Goliath, [...]

L'énumération continue, parodiant la généalogie des descendants de Caïn (Genèse 4, 17-22). L'auteur y mêle personnages de la Bible (Goliath), de la mythologie grecque (Atlas, Polyphème, Hercule), des chansons de geste (Fierabras) ou des légendes et romans médiévaux (Bruyer, Maubrun). Les autres sont de pure fantaisie, certains aux sonorités rappelant l'hébreu, pour renforcer l'effet parodique, comme les premiers cités.

Quelques noms sont accompagnés de prouesses cocasses ; par exemple :

... Gabbara, qui inventa de boire beaucoup,

... Gemmagog, qui fut l'inventeur des souliers à la poulaine[1],

... Gobe-mouches, qui lança la mode de fumer les langues de bœuf à la cheminée car, auparavant, on les salait comme des jambons...

> Soit une soixantaine de générations avant d'en
> arriver à Grandgousier puis Gargantua,

... Qui engendra le noble Pantagruel, mon maître.

Je me doute bien qu'en lisant ce passage, vous vous posez des questions et vous vous demandez comment tout cela est possible, vu qu'au temps du Déluge, tout le monde périt, sauf Noé et sept personnes avec lui dans l'arche, au nombre desquels Hurtaly n'est pas mentionné.

Certes, la question est très clairement posée ; mais la réponse vous contentera ou bien c'est que j'ai l'esprit fêlé. Puisque je n'y étais pas, je me réfèrerai, pour vous en parler à mon gré, à l'autorité des docteurs de la loi, braves couillons et beaux cornemuseurs hébreux : ils affirment qu'assurément ledit Hurtaly n'était pas dans l'arche de Noé. D'ailleurs, il n'aurait pas pu y entrer car il était trop grand. Mais il était à cheval dessus, une jambe de ci, une jambe de là, comme les petits enfants sur les chevaux de bois [...]. C'est ainsi qu'après Dieu, il sauva l'arche du nau-

---

1→ Chaussures avec un bout très pointu et très long. En vogue au XVIᵉ siècle.

frage car il la faisait avancer avec ses jambes et, du pied, la tournait où il voulait, comme on fait avec le gouvernail d'un navire. Ceux qui étaient à l'intérieur lui envoyaient des vivres en suffisance, par une cheminée, en reconnaissance de ses bienfaits et quelquefois ils discutaient ensemble, comme Icaroménippe et Jupiter, selon Lucien[1].

Avez-vous tout bien compris ? Alors buvez un bon coup sec. Car si vous ne le croyez pas, moi non plus, comme dit la chanson.

Chapitre 2

La naissance du très redouté Pantagruel

Gargantua, à l'âge de quatre cent quatre-vingt quarante-quatre ans, engendra son fils Pantagruel de sa femme nommée Badebec, fille du roi des Amaurotes en Utopie[2]. Celle-ci mourut en accouchant car il était si merveilleusement grand et lourd qu'il ne put venir à la lumière sans étouffer sa mère.

Mais pour comprendre parfaitement la cause et la raison

1→ Lucien, écrivain satirique grec du IIe siècle de notre ère, imagine Jupiter écoutant, à travers de petites trappes, les prières des humains. Rabelais transforme un peu l'anecdote.

2→ Le mot Badebec signifiait « bouche bée ». Dans le roman *Utopia* de Thomas More, paru en 1516 (voir l'encadré p. 153), Amoraute est une ville dont le nom signifie « difficile à percevoir ».

du nom qui lui fut donné à son baptême, vous noterez que, cette année-là, la sécheresse fut si grande dans toute l'Afrique qu'il se passa trente-six mois, trois semaines, quatre jours, treize heures et un peu plus sans pluie, avec une chaleur si brûlante que toute la terre en était aride : même au temps d'Elie[1], elle n'avait pas été plus échauffée qu'alors. Pas un seul arbre sur terre ne portait de feuille ni de fleur. Les herbes étaient jaunies, les rivières taries, les fontaines à sec ; les pauvres poissons, abandonnés par leur propre élément, erraient et gémissaient lamentablement sur la terre ; les oiseaux tombaient du ciel, faute de rosée ; les loups, les renards, les cerfs, les sangliers, les daims, les lièvres, les lapins, les belettes, les fouines, les blaireaux et autres bêtes, on les trouvait dans les champs, mortes, la gueule ouverte. Quant aux hommes, ils faisaient vraiment pitié ! Vous les auriez vus tirer la langue comme des lévriers qui ont couru six heures ; plusieurs se jetaient dans les puits ; d'autres se mettaient sous le ventre d'une vache pour être à l'ombre... Toute la contrée était en cale sèche. C'était pitoyable de voir les efforts des humains pour se protéger de cette horrible soif.

[...]

... Un vendredi, tout le monde s'était mis en dévotion et faisait une belle procession, avec force litanies et de beaux

---

1➤ Dieu faisait régner la sécheresse sur terre pour punir les hommes de s'adonner au culte de Baal. Le prophète Élie demanda à Dieu de la faire cesser et d'envoyer la pluie sur terre. (Bible, premier livre des Rois 17, 18.)

psaumes pour supplier Dieu tout-puissant de bien vouloir leur jeter un regard clément, dans leur détresse. On vit sortir de terre de grosses gouttes d'eau, comme quand quelqu'un sue abondamment. Et le pauvre peuple commença à se réjouir […] mais ils furent trompés, car, la procession finie, alors que chacun voulait recueillir de cette rosée et en boire à plein godet, ils trouvèrent que ce n'était que de la saumure[1], pire et plus salée que l'eau de mer.

Et parce que, ce jour-là précisément, naquit Pantagruel, son père lui imposa ce nom : car *Panta*, en grec, signifie « tout » et *Gruel*, en langue mauresque, signifie « assoiffé » ; il voulait dire qu'à l'heure de sa naissance, le monde était tout altéré et prophétiser qu'un jour, il dominerait les altérés, ce que démontra, le jour même, un autre signe plus évident. Car, alors que sa mère Badebec accouchait et que les sages-femmes attendaient pour le recevoir, sortirent d'abord de son ventre soixante-huit muletiers, tirant chacun par le licol un mulet tout chargé de sel ; suivirent neuf dromadaires chargés de jambons et de langues de bœuf fumées, sept chameaux chargés de petites anguilles, puis vingt-cinq charretées de poireaux, d'ail, d'oignons et de ciboules, ce qui épouvanta bien les sages-femmes. Mais certaines disaient :

– Voici de bonnes provisions ! Mais nous buvions trop

---

[1] La saumure est une eau fortement salée, utilisée pour conserver certains aliments. C'est ainsi qu'à l'époque de Rabelais on conservait les poissons, et particulièrement les harengs, ce qui permettait de les amener loin des côtes. Cette remarque montre le peu de cas que Rabelais fait des pèlerinages, reliques et processions. Il est sceptique devant les miracles. (Voir l'encadré sur la religion, p. 121.)

La soif et la boisson
dans *Gargantua* et *Pantagruel*

Pantagruel naît sous le signe de la soif. Et ceux qui ont affaire à lui (l'écolier limousin, chapitre 6, Loup Garou et ses géants au chapitre 29) restent brûlés d'une soif intense. Le lecteur peut être étonné de la quantité de vin qu'ingurgitent les deux héros, dès leur plus jeune âge. Rabelais refuse le mépris du corps prôné par une religion radicale.

Le « pantagruélisme » est un art de vivre, une forme d'épicurisme : il faut satisfaire son corps, lui épargner la souffrance, satisfaire les désirs simples du corps. Mais le véritable épicurisme est une philosophie de la modération ; alors pourquoi ce déluge de vin et cette glorification des buveurs dans les deux romans ? Il faut y voir une

métaphore : l'homme nouveau, l'humaniste, a soif de savoir. Une soif inextinguible de connaissances innombrables. Quand naît Pantagruel, la Terre meurt de soif : elle est encore à l'âge obscur et calamiteux dont parle Gargantua dans sa lettre à son fils, où n'a pas encore été donnée la possibilité d'accéder aux connaissances nouvelles.

mollement. Maintenant buvons follement ! C'est bon signe, ce sont des aiguillons du vin.

Et comme elles caquetaient, voici sortir Pantagruel, tout velu comme un ours. Et l'une d'elles, par esprit prophétique, dit :

– Il est né tout poilu, il fera des merveilles ; et, s'il vit, il vieillira.

Chapitre 3

**La douleur
que manifesta
Gargantua
à la mort de sa
femme Badebec**

Quand Pantagruel fut né, qui fut bien ébahi et perplexe? Ce fut Gargantua, son père. Car, voyant, d'un côté, sa femme Badebec morte et, de l'autre, son fils Pantagruel né, si beau et si grand, il ne savait que dire ni que faire. Son esprit était troublé par le doute: devait-il pleurer pour la mort de sa femme ou rire de joie pour son fils? D'un côté comme de l'autre, il avait des arguments sophistiques[1] qui le suffoquaient car il les exposait très bien, selon les règles. Mais il ne pouvait pas en tirer de conclusion et demeurait empêtré comme une souris prise au piège ou un milan pris dans un nœud coulant.

– Pleurerai-je? disait-il. Oui; et pourquoi? Elle est morte, ma femme, si bonne, qui était la plus ceci, la plus cela, qui fût au monde. Jamais plus, je ne la verrai, jamais plus, je n'en retrouverai une semblable. C'est pour moi une perte inestimable! Ô mon Dieu, que t'ai-je fait pour que tu me punisses ainsi? Pourquoi ne m'as-tu pas envoyé à la mort le premier? Car vivre sans elle, c'est dépérir. Ah, Badebec, ma mignonne, ma mie, mon petit con (toutefois elle en avait bien trois arpents et deux sexterées[2]), ma tendrette, ma braguette, ma savate, ma pantoufle, plus jamais je ne te

---

1→ Méthode d'argumentation, qui expose le pour et le contre.
2→ C'est-à-dire presque 2 ha!

verrai ! Ah, pauvre Pantagruel, tu as perdu ta bonne mère, ta douce nourrice, ta dame très aimée ! Ah, mort perfide, quel mal, quel outrage tu me fais en m'enlevant celle à laquelle l'immortalité appartenait de droit.

Et, en disant ces mots, il pleurait comme une vache ; mais soudain, il riait comme un veau, quand Pantagruel lui venait en mémoire :

– Oh, mon petit fils, mon couillon, mon peton, que tu es joli et comme je suis reconnaissant à Dieu de m'avoir donné un si beau fils, si joyeux, si rieur, si joli ! Ho, ho, ho, ho ! Que je suis heureux ! Buvons, ho ! Laissons toute mélancolie ! Apporte du meilleur, rince les verres, mets la nappe, chasse ces chiens, souffle ce feu, allume la chandelle, ferme ces portes, taille ces tranches de pain, renvoie ces pauvres mais donne-leur ce qu'ils demandent ! Prends ma robe, que je me mette en pourpoint pour mieux faire fête aux commères.

Pendant qu'il disait cela, il entendit les litanies et les *Memento*[1] des prêtres qui portaient sa femme en terre et laissa là ses gais propos. Soudain sa pensée fut entraînée ailleurs et il dit :

– Seigneur Dieu, faut-il que je m'afflige encore ? Cela me fâche ; je ne suis plus jeune, je deviens vieux, le temps est malsain, je pourrai attraper une fièvre et me voilà atteint. Foi de gentilhomme, il vaut mieux pleurer moins et boire plus. Ma femme est morte. Eh bien, par Dieu ! (sauf votre

---

1• *Memento* signifie, en latin, « souviens-toi ». Il s'agit du premier mot d'une prière pour les morts.

respect[1]), je ne la ressusciterai pas par mes pleurs. Elle est bien, elle est pour le moins au paradis, ou même mieux. Elle prie Dieu pour nous, elle est bien heureuse, elle ne se soucie plus de nos misères et de nos calamités. C'est ce qui nous pend au nez, que Dieu garde celui qui reste! Je dois penser à en trouver une autre.

[…]

Et Gargantua décide de rester à bercer son fils, en buvant pour se remettre, tandis qu'il envoie les sages-femmes à l'enterrement de Badebec.

Chapitre 4

[…]

L'enfance de Pantagruel

Un matin où on voulait le faire téter une de ses vaches (car il n'eut jamais d'autre nourrice, comme le dit l'histoire), il détacha un de ses bras des liens qui le retenaient au berceau[2]. Il vous prend la vache par le jarret et lui mange les deux tétines et la

---

1→ Gargantua s'excuse d'avoir juré (par Dieu!), ce qui était un péché aux yeux de l'Église.

2→ À cette époque, on emmaillotait les bébés très serrés et on les attachait à leur berceau pour qu'ils ne puissent pas bouger. On pensait que, sinon, leurs membres se déformeraient.

moitié du ventre avec le foie et les rognons. Il l'aurait dévorée tout entière si elle n'avait pas poussé d'horribles cris, comme si les loups la tenaient aux jambes. À ces cris, les gens accoururent et enlevèrent sa vache à Pantagruel mais ils eurent beau faire, le jarret lui demeura entre les mains et il le mangea, comme vous feriez d'une saucisse. Quand on voulut lui ôter l'os, il l'avala aussi vite qu'un cormoran le ferait d'un petit poisson. Et après il commença à dire : « Bon, bon, bon ! » car il ne savait pas encore bien parler. Il voulait leur faire comprendre qu'il avait trouvé cela fort bon et qu'il aimerait en avoir encore. Alors, ceux qui le servaient le lièrent par de gros câbles, comme ceux que l'on fabrique à Tain pour le voyage du sel de Lyon[1] ou comme ceux du grand navire *La Françoise*, au port du Havre en Normandie[2].

Mais un jour qu'un grand ours, que nourrissait son père, s'était échappé et était venu lui lécher le visage (car les nourrices ne lui avaient pas bien torché les babines), il se défit de ces câbles aussi facilement que Samson parmi les Philistins[3]. Il vous prit Monsieur de l'Ours, le mit en pièces comme un poulet, et vous en fit un mets de roi.

Alors Gargantua, de crainte qu'il ne se blessât, fit faire quatre grosses chaînes de fer pour le lier et fit poser des arcs-boutants bien ajustés à son berceau. Et de ces chaînes, il y en a une à La Rochelle : on la lève le soir entre les deux

---

1→ Tain est une ville au bord du Rhône, où l'on trouve une fabrique de cordes et un entrepôt de sel.
2→ Ce navire, construit en 1527, était tellement lourd qu'il ne put jamais quitter le port.
3→ Voir la Bible (Juges 16, 8-12).

grosses tours du port ; une autre est à Lyon, une autre à Angers et la quatrième fut emportée par les diables pour lier Lucifer, qui se déchaînait en ce temps-là, terriblement tourmenté par la colique, pour avoir mangé l'âme d'un sergent en fricassée à son déjeuner. [...] Et ainsi, Pantagruel demeura calme et pacifique car il ne pouvait pas rompre les chaînes aussi facilement surtout qu'il n'avait pas assez d'espace dans son berceau pour secouer les bras.

Mais voici ce qui arriva un jour de grande fête : son père Gargantua donnait un beau banquet à tous les princes de sa cour. Je crois bien que tous les serviteurs étaient si occupés au service du festin que l'on ne se souciait pas du pauvre Pantagruel, qui restait à l'écart. Que fit-il ?

Ce qu'il fit, mes bonnes gens ? Écoutez.

Il essaya de rompre les chaînes du berceau avec les bras ; mais il ne le put car elles étaient trop solides. Alors il trépigna tant qu'avec les pieds, il brisa le bout de son berceau, creusé pourtant dans une grosse poutre de sept empans carrés[1] et, dès qu'il eut mis les pieds dehors, il se laissa glisser du mieux qu'il put jusqu'à poser les pieds par terre. Et ensuite, puissamment, il se leva, emportant son berceau lié sur l'échine, comme une tortue qui monte à une muraille. On aurait dit une grande caraque de cinq cents tonneaux[2], debout. Dans cet équipage, il entra dans la salle où on banquetait et, assurément, il épouvanta l'assistance ; comme il

---

[1] Un empan mesurait plus de 20 cm.
[2] Une caraque était un grand vaisseau de guerre. Le tonneau est une mesure de capacité des navires qui vaut 2,83 m^3.

avait les bras liés dans le berceau, il ne pouvait rien prendre à manger, mais il se baissait péniblement pour prendre quelque bouchée avec la langue. À cette vue, son père comprit bien qu'on l'avait laissé sans lui donner à manger et il ordonna de le délier de ses chaînes, sur les conseils des princes et des seigneurs de l'assistance ainsi que des médecins. Tous disaient que, si on le maintenait ainsi au berceau, il serait, toute sa vie, sujet à la gravelle[1].

Lorsqu'il fut débarrassé de ses chaînes, on le fit asseoir et on le nourrit copieusement. Et il mit son berceau en cinq cent mille morceaux, d'un seul coup de poing qu'il donna au milieu, par dépit et pour être sûr de ne plus jamais y retourner.

1→ *Gravelle* est le nom ancien des calculs rénaux.

Chapitre 5

Ce que le noble Pantagruel accomplit en son jeune âge

Gargantua envoya son fils étudier à Poitiers. Puis Pantagruel décida de visiter les universités de France. Il se rendit successivement à Bordeaux, à Toulouse, à Montpellier pour y apprendre la médecine, « mais il considéra que c'était un métier beaucoup trop ennuyeux et mélancolique et que les médecins sentaient les lavements comme de vieux diables ». Il tenta alors l'étude du droit mais la Faculté de Montpellier n'était pas très réputée pour cet enseignement. Donc, en passant par Nîmes, où, de ses mains, Pantagruel construisit le pont du Gard et l'amphithéâtre[1], puis par Avignon où il tomba amoureux, son précepteur Épistémon l'emmena à Angers où il étudia fort bien jusqu'à l'épidémie de peste puis à Bourges, où il fit de grand progrès. Enfin c'est à Orléans qu'il obtint sa licence en droit.

---

[1] Ce sont en réalité des vestiges gallo-romains.

Chapitre 6

**Comment
Pantagruel
rencontra
un Limousin
qui déformait
la langue française**

Un jour, je ne sais pas quand, Pantagruel se promenait après dîner, avec ses compagnons, vers la route qui mène à Paris. Il y rencontra un étudiant, tout mignonnet, qui arrivait par cette route. Après qu'ils se furent salués, il lui demanda :

– Mon ami, d'où viens-tu à cette heure ?

L'écolier lui répondit :

– De l'alme, inclite et célèbre académie que l'on vocite Lutèce.

– Qu'est ce qu'il raconte ? dit Pantagruel à un de ses gens.

– Il s'agit de Paris.

– Tu viens donc de Paris, dit Pantagruel ! Et à quoi passez-vous le temps, vous autres messieurs les étudiants, à Paris ?

– Nous transfétons la Séquane au dilucule et au crépuscule ; nous déambulons par les compites et les quadrivies de l'urbe ; nous despumons la verbocination latiale et, comme vérisimiles amorabonds, captons la bénévolence de l'omnijuge, omniforme et omnigène sexe féminin. Certains diécules, nous invisons les lupanars et, en extase vénérique, nous inculquons nos vérètres dans les penitissimes recesses des pudendes de ces mérétricules amicabilissimes. Puis cauponisons dans les tabernes méritoires de la Pomme de Pin, du castel de la Madeleine et de la Mule, belles spatules vervécines performinées de pétrosil et si, par forte fortune, il y a rareté et pénurie de pécune dans nos marsupies et si elles sont exhaustes de métal ferruginé, pour l'écot, nous dimittons nos codices et vestes oppignerées, prestolant les tabellaires à venir des Pénates et Lares patriotiques. […][1]

> Le discours de l'étudiant continue assez longuement sur ce mode.

– Merde alors! dit Pantagruel. Qu'est-ce que veut dire ce fou? Je crois qu'il nous forge un langage diabolique et que c'est un enchanteur qui tente de nous ensorceler.

Mais un de ses compagnons reprit:

– Seigneur, je crois plutôt que ce prétentieux veut reproduire la langue des Parisiens mais il ne fait qu'écorcher le latin, croyant ainsi imiter Pindare[2]. Il pense être un grand orateur français parce qu'il dédaigne le langage commun.

– Est-ce vrai? dit Pantagruel.

L'étudiant répondit:

– Signor Missaire, mon génie n'est point apte nate à ce que dit ce flagitiose nébulon pour escorier la cuticule de notre vernacule Gallique mais viceversement je gnave

---

[1] Dans cette longue tirade, l'étudiant énumère, moitié en français, moitié en « latin de cuisine », ses activités: traîner dans les rues, courir les filles, aller dans les lieux de débauche, boire dans les tavernes et dépenser par avance l'argent envoyé par son père.

[2] Pindare est un poète grec du Ve siècle av. J.-C. Il était réputé pour son style très brillant.

opère et, par vèles et rames, je me énite de le locupléter par la redondance latinicome[1].

– Par Dieu, dit Pantagruel, je t'apprendrai à parler ! Mais avant, réponds-moi : d'où es-tu ?

Et l'étudiant lui répondit :

– L'origine primève de mes aves et ataves fut indigène des régions lémoviques, où requiesce le corpore de l'agiotate saint Martial[2].

– Je comprends, dit Pantagruel ; tu es Limousin, pour tout potage et tu veux ici imiter le langage des Parisiens. Viens donc ici, que je te mette une peignée !

Et il le prit à la gorge en lui disant :

– Tu écorches le latin ; par saint Jean, je te ferai rendre gorge car je vais t'écorcher tout vif !

Alors le pauvre Limousin se mit à parler en son patois :

– Vée dicou ! Gentilastre ! Oh, saint Marsault, adjouda mi ! Hau, hau, laissas à quau, au nom de Dious, et ne me touquas grou[3] !

À ces mots, Pantagruel lui dit :

– À cette heure, tu parles naturellement.

Et il le lâcha car le pauvre Limousin chiait dans ses chausses, qui étaient fendues en queue de morue[4] et dont le fond n'était pas cousu ; alors Pantagruel dit :

---

[1] L'étudiant, toujours dans ce même français latinisé, précise qu'il n'écorche pas le français courant mais qu'il cherche à l'enrichir et à l'embellir par des termes empruntés au latin.
[2] Les ancêtres de l'étudiant ont vécu à Limoges où se trouvent les reliques de saint Martial.
[3] C'est-à-dire, en patois limousin : « Eh là ! Gentilhomme ! Ho, saint Martial, à l'aide ! Oh, oh, laisse-moi au nom de Dieu, ne me touche guère ! »
[4] Les chausses étaient la partie du vêtement masculin qui couvrait de la ceinture aux genoux. Des chausses en queue de morue étaient fendues derrière.

– Saint Alipentin[1]! Quel putois! Au diable ce bouseux! Qu'est ce qu'il pue!

Et il le laissa. Mais ce Limousin en garda un tel complexe et fut si assoiffé qu'il disait souvent que Pantagruel le tenait encore à la gorge. Et après quelques années, il mourut de soif, par punition divine, et pour nous démontrer ce qu'Aulu-Gelle[2] fait dire à un philosophe : nous devons parler en langage courant et, comme disait César : il faut éviter les mots-épaves avec autant de soin que les capitaines de navires évitent les récifs.

Chapitre 7

Comment Pantagruel vint à Paris, et les beaux livres de la bibliothèque Saint-Victor

Pantagruel décida de visiter la Sorbonne, la grande université de Paris. Il y fit quelques études et s'extasia sur les livres de la bibliothèque de l'abbaye Saint-Victor. Cette bibliothèque était très riche et possédait un catalogue impressionnant pour un érudit de la Renaissance.

1→ Un saint imaginaire, au nom amusant.
2→ Aulu-Gelle est un érudit latin du IIe siècle de notre ère. Il s'intéressa à la grammaire, à la littérature et à l'histoire.

Mais le narrateur parodie ce long catalogue en proposant environ cent quarante titres burlesques (*Le Pousse-fromage*, *La Variété des tartines*, *Des pois au lard avec commentaires...*), scatologiques (*Comment chier*, *Les Culottes percées des chieurs*, *Étude sur les lavements...*) ou pornographiques (*L'Éléphantesque couille des Preux*, *La Verge d'âne des abbés*). Il les attribue à des auteurs fantaisistes comme Rostocostojambedanesse, Songecreux, ou à des auteurs connus, pour mieux se moquer d'eux. Ainsi y trouve-t-on : *L'Art de péter poliment en société*, par Maître Hardouin. Cet auteur, ridiculisé par Rabelais, était un ennemi de l'humaniste Érasme. Un autre ennemi des humanistes y est épinglé : Sylvestre de Piero, Jacobin, que Rabelais présente comme l'auteur de *L'Usage des bouillons* et *Le Savoir-picoler*. Noël Béda, principal du collège de Montaigu et ennemi acharné de toute idée nouvelle, accablé d'un gros ventre, se voit attribuer la paternité de *La Suprématie des tripes*. D'une manière générale, Rabelais en profite pour critiquer les sophistes[1] les professeurs à la Sorbonne, les moines et les juristes.

À ce chapitre, qui conseille de laisser de côté tous les vieux textes de commentaires « moyenâgeux » c'est-à-dire dépassés, s'opposera, dans le chapitre 8, une exposition de l'éducation humaniste.

---

[1] Voir *Gargantua*, chap. 14.

Chapitre 8

**Comment
Pantagruel, à Paris,
reçut une lettre
de son père
Gargantua,
et la copie
de celle-ci**

Pantagruel étudiait fort bien, comme vous pouvez le penser, et il faisait des progrès car il avait une intelligence bien développée et une mémoire d'une capacité de douze outres et d'autant de barils à huile. Et, pendant ses études, voici la lettre qu'il reçut de son père :

« Très cher fils,

Gargantua commence par rendre grâces à Dieu d'avoir donné à la race humaine une sorte d'immortalité à travers la succession des générations. Il se réjouit de revivre à travers son fils Pantagruel dont il veut faire un homme accompli. Il lui demande la même application, que lui-même a mise pour se former.

[...]

« Feu mon père, Grandgousier, qui ne laissa que de bons souvenirs, avait consacré tous ses soins à me voir progresser en perfection et savoir politique ; certes mon travail et mon zèle répondaient très bien à son attente, ou, mieux, la dépassaient. Toutefois, comme tu peux le comprendre, les temps n'étaient pas si propices ni favorables à l'étude des belles-lettres que maintenant et je n'avais pas autant de bons précepteurs que toi.

« Les temps étaient encore ténébreux et se ressentaient du malheur et des calamités provoquées par les Goths[1] qui avaient ruiné toute bonne littérature. Mais, par la bonté divine, de mon vivant, lumière et dignité ont été rendues aux belles-lettres et j'y vois de tels progrès qu'à présent, je serais à peine admis dans la première classe des petits débutants, moi qui, en ma maturité, passais, à juste titre, pour le plus savant du siècle. Je ne dis pas cela par vanité – cependant je le pourrais sans encourir de reproche, avec, pour garant, Cicéron[2] dans son livre *De la vieillesse* et Plutarque[3] dans le livre intitulé *Comment on peut se louer sans mériter de blâme* – mais pour te donner le désir de viser plus haut.

« Maintenant toutes les disciplines sont rétablies[4], les langues à l'honneur : le grec, sans lequel il est honteux de se dire savant, l'hébreu, le chaldéen[5], le latin. On utilise

---

1→ Gargantua oppose les ténèbres du Moyen Âge, période d'obscurantisme gothique, aux lumières de l'époque moderne (le terme Renaissance apparaît en 1553). Les Goths, ancienne peuplade germanique, dont les Gallo-Romains avaient eu à subir les invasions, symbolisent aux yeux des humanistes la barbarie du Moyen Âge et de ses méthodes scolastiques. (Voir *Gargantua*, encadré p. 68.)

2→ Très célèbre écrivain et philosophe romain du Ier siècle avant notre ère. Il faisait dire à un moraliste : « On peut pardonner à un vieillard de parler de soi. »

3→ Biographe et moraliste grec du Ier siècle. Il écrit : « Il faut être indulgent aux vieillards qui se vantent. » Il est intéressant de noter qu'en bon humaniste, Gargantua se réfère à l'autorité de l'Antiquité gréco-romaine.

4→ Les humanistes désignaient leur époque comme celle de « la restitution des bonnes lettres » avant que n'apparaisse en 1553 le terme de « Renaissance » sous la plume de Pierre Belon.

5→ Le chaldéen est une langue proche de l'hébreu, dans laquelle ont été écrits certains passages de la Bible.

maintenant la technique de l'imprimerie, si élégante et si correcte. Elle fut inventée de mon vivant par inspiration divine comme, au contraire, l'artillerie l'a été par suggestion diabolique. Le monde entier est plein de savants, de précepteurs très doctes, de bibliothèques très vastes ; à mon avis, ni au temps de Platon, ni de Cicéron, ni de Papinien[1], on ne pouvait étudier aussi commodément que maintenant. Et dorénavant, on ne devra plus se montrer en société, sans avoir été bien façonné dans l'atelier de Minerve[2]. Je vois les brigands, les bourreaux, les aventuriers, les palefreniers de maintenant, plus savants que les docteurs et prêcheurs de mon temps. Pour dire : les femmes et les filles ont aspiré à cette gloire et manne céleste que représente une bonne éducation. Si bien qu'à mon âge, j'ai été contraint d'apprendre le grec, que je n'avais pas méprisé, comme Caton[3], mais que je n'avais pas eu le loisir d'apprendre en ma jeunesse ; et je me délecte souvent à lire les *Œuvres morales* de Plutarque, les beaux *Dialogues* de Platon, les *Monuments* de Pausanias et les *Antiquités* d'Athénée[4], en attendant l'heure où il plaira à Dieu, mon créateur, de me rappeler et m'ordonner de quitter cette terre.

« Voilà pourquoi, mon fils, je te prie d'employer ta jeu-

---

[1] Juriste romain du IIe siècle.
[2] Minerve était la déesse romaine de la Sagesse. La périphrase « l'atelier de Minerve » évoque l'éducation, de préférence humaniste.
[3] Moraliste et homme politique romain (234-149 avant notre ère) qui regrettait les valeurs et la simplicité de la Rome primitive. Érasme précise que c'est seulement à 70 ans que Caton se décida à apprendre le grec.
[4] Pausanias est un historien grec du IIe siècle avant notre ère. Athénée est un rhéteur et grammairien grec, qui vécut au IIIe siècle.

nesse à bien progresser en savoir et en vertu. Tu es à Paris ; tu as ton précepteur Épistémon : celui-ci, par un enseignement vivant et oral, et Paris, par de louables exemples, peuvent te former.

« J'entends et je veux que tu apprennes les langues parfaitement : premièrement le grec, comme le veut Quintilien, deuxièmement, le latin puis l'hébreu pour l'Écriture sainte, le chaldéen et l'arabe pour la même raison ; que tu formes ton style, pour le grec, à l'imitation de Platon, et de Cicéron, pour le latin. Qu'il n'y ait pas de fait historique que tu ne gardes en mémoire, ce à quoi t'aidera la description de l'univers des auteurs qui ont traité le sujet.

« Quant aux arts libéraux[1], géométrie, arithmétique et musique, je t'en ai donné le goût quand tu étais encore tout petit, à l'âge de cinq à six ans. Continue-les et apprends les règles de l'astronomie. Mais laisse-moi de côté l'astrologie divinatrice et l'art de Lullius[2], comme autant d'abus et de futilités.

« Du droit civil, je veux que tu saches par cœur les beaux textes et que tu me les commentes avec sagesse.

« Quant à la connaissance de la nature, je veux que tu t'y appliques avec soin : qu'il n'y ait ni mer, ni rivière, ni source dont tu ne connaisses les poissons. Tous les oiseaux du ciel, tous les arbres, arbustes et buissons des forêts,

1→ Voir note 1, p. 58.
2→ Lullius ou Raymon Lulle était un alchimiste du XIIIe siècle. Pour se moquer de lui, Rabelais l'avait cité dans le catalogue de la bibliothèque Saint-Victor, comme l'auteur du *Principe du batifolage*. Rabelais écrit en 1533 la *Pantagruéline pronostication*, où il se moque des prédictions astrologiques.

toutes les herbes de la terre, tous les métaux cachés au ventre des abîmes, les pierreries de toutes les contrées de l'orient et du sud, que rien ne te soit inconnu.

« Puis, soigneusement, relis les livres des médecins grecs, arabes et latins, sans mépriser les Talmudistes et les Cabalistes[1]; et, en pratiquant de fréquentes dissections[2], acquiers une parfaite connaissance de cet autre monde[3] qu'est l'homme. Et, quelques heures par jour, commence à lire l'Écriture sainte : d'abord, en grec, le Nouveau Testament et les Épîtres des apôtres puis en hébreu, l'Ancien Testament.

« En somme, que je voie en toi un abîme de science : car, maintenant que tu deviens un homme et que tu te fais grand, il te faudra quitter la tranquillité et le repos de l'étude et apprendre la chevalerie et les armes, afin de défendre ma maison et secourir nos amis dans toutes leurs difficultés et contre les assauts des méchants.

« Et je veux que, rapidement, tu mesures tes progrès ; et tu ne pourras mieux le faire qu'en soutenant des discussions publiques, sur tous les sujets, envers et contre tous, et qu'en fréquentant les gens lettrés, à Paris comme ailleurs.

1→ Il s'agit des médecins juifs, aussi réputés, à l'époque, que les Arabes. Le Talmud est un recueil de l'enseignement des rabbins et la Cabale, une interprétation ésotérique (c'est-à-dire cachée, réservée à un petit nombre d'initiés) de la Bible.

2→ Rabelais fut un des premiers médecins à en pratiquer car l'Église, après les avoir interdites, les limitait. Or elles sont indispensables pour connaître l'anatomie.

3→ Les humanistes comparaient le petit monde (microcosme) qu'est l'homme au grand monde (macrocosme) que constitue l'Univers. Voir *Pantagruel*, chap. 32.

« Mais, parce que, selon le sage Salomon[1], la sagesse n'entre point dans une âme méchante et que science sans conscience[2] n'est que ruine de l'âme, tu dois servir, aimer et craindre Dieu et mettre en lui toutes tes pensées et tout ton espoir ; et, par une foi nourrie de charité, tu dois être uni à lui, pour n'en être jamais séparé par le péché. Méfie-toi des abus du monde. Ne prends pas à cœur les futilités, car cette vie est transitoire, mais la parole de Dieu demeure éternellement. Sois serviable pour ton prochain et aime-le comme toi-même. Révère tes précepteurs. Fuis la compagnie des gens auxquels tu ne veux pas ressembler. Ne reçois pas en vain les grâces que Dieu t'a données. Et, quand tu t'apercevras que tu possèdes tout le savoir d'ici-bas, reviens vers moi, afin que je te voie et te donne ma bénédiction avant de mourir.

« Mon fils, que la paix et la grâce de Notre Seigneur soient avec toi. Amen.

D'Utopie, ce dix-sept mars.
Ton père, Gargantua »

Après avoir reçu et lu cette lettre, Pantagruel puisa un nouveau courage et fut enflammé du désir de progresser plus que jamais ; de sorte que, à le voir étudier et progres-

---

1► Roi qui, dans l'Ancien Testament (citation du livre de la Sagesse I, 4), est le modèle de la sagesse.
2► Il faut prendre le mot *conscience* au sens de « connaissance du bien et du mal », que seule la vraie religion peut apporter. La science ne peut être que destructrice si elle ne s'accompagne pas de morale.

L'éducation

Sans développer autant le programme d'éducation que dans *Gargantua*, Rabelais montre, dans les chapitres 7 et 8, l'opposition entre deux types d'éducation : d'une part celle qui est ridiculisée par le biais des prétendus livres de la bibliothèque Saint-Victor. Celle-ci, située dans l'abbaye Saint-Victor, était sans doute la plus importante de France, mais elle contenait des manuscrits médiévaux et les premiers livres imprimés qui représentaient le savoir démodé, scolastique que rejetaient les humanistes. De plus, les moines de cette abbaye étaient hostiles à la pensée nouvelle et s'étaient attaqués à Érasme. C'est pourquoi Rabelais la tourne en dérision et, avec elle, l'enseignement donné par les théologiens de la Sorbonne.

Par contre, la lettre de Gargantua propose à Pantagruel un programme humaniste, qui est celui du tout nouveau Collège royal[1], créé en 1530 par François Ier, à l'instigation de l'humaniste Guillaume Budé. Cette institution était financée par le roi et totalement indépendante de la Sorbonne et donc de l'Église. Elle accueillit d'abord deux chaires : une de grec et une d'hébreu puis elle s'étendit à l'enseignement du droit français, du latin, des mathématiques et de la médecine. Les professeurs, qu'on appelait lecteurs royaux étaient recrutés parmi les plus grands intellectuels dans leur discipline. Sa devise était – et est toujours – *Docet omnia* : « Il enseigne tout. »

ser, on aurait dit que son esprit courait dans les livres, comme le feu dans les bruyères, tant il était infatigable et pénétrant.

---

[1] Il se nomme aujourd'hui le Collège de France.

Chapitre 9

Comment Pantagruel rencontra Panurge, qu'il aima toute sa vie

Un jour Pantagruel se promenait hors de la ville, vers l'abbaye Saint-Antoine, bavardant et philosophant avec ses gens et quelques étudiants. Il rencontra un homme de belle taille, d'aspect élégant mais couvert de blessures pitoyables et si mal en point qu'il semblait avoir échappé à des chiens ou mieux, qu'il sortait d'un buisson de ronces.

Du plus loin que Pantagruel le vit, il dit à ses compagnons :

– Voyez-vous cet homme qui vient par le chemin du pont de Charenton ? Par ma foi, il n'est pauvre que par infortune car je vous assure, d'après sa physionomie, que la nature l'a fait naître de riche et bonne lignée. Cette pauvreté et cette misère, c'est ce à quoi s'exposent les gens pleins de curiosité.

Et lorsqu'ils se croisèrent, Pantagruel lui demanda :

– Mon ami, je vous prie de bien vouloir vous arrêter et répondre à mes questions ; vous ne vous en repentirez point car j'ai très grande envie de vous aider autant que je le peux, dans le malheur où je vous vois, car vous me faites grand pitié. Donc, mon ami, dites-moi : Qui êtes-vous ? D'où venez-vous ? Où allez-vous ? Que cherchez -vous ? Et quel est votre nom ?

Panurge répond à ces questions dans différentes langues étrangères, langues existantes : l'allemand, l'italien, l'écossais, le basque, le danois ou langues inventées : la langue des Indiens des Antipodes, du Lanternois. Personne ne le comprend, alors qu'il ne fait que réclamer à manger et à boire. On commencera à le comprendre quand il parlera hébreu, grec ou latin, les langues de la culture humaniste ou la langue d'Utopie, le pays d'origine de Pantagruel.

[…]

– Mais, mon ami, dit Pantagruel, vous ne savez pas parler français ?

– Oh si ! Très bien, seigneur, répondit le compagnon, Dieu merci. C'est ma langue naturelle et maternelle car je suis né et j'ai été élevé, dans ma jeunesse, au jardin de la France : la Touraine.

– Racontez-nous donc, dit Pantagruel, quel est votre nom et d'où vous venez car, par ma foi, je ressens déjà pour vous tant d'amitié que si vous y consentez, vous ne me quitterez jamais et, vous et moi, nous ferons une nouvelle paire d'amis comme Énée et Achate[1].

– Seigneur, dit le compagnon, mon véritable nom de baptême est Panurge[2]. À présent, je viens de Turquie, où je fus fait prisonnier, lorsqu'on alla à Mytilène[3] au mauvais moment. Et je vous raconterai volontiers mes aventures, qui sont plus merveilleuses que celles d'Ulysse. Mais puisqu'il vous plaît de me retenir auprès de vous, – et j'accepte volontiers votre offre et je promets de ne jamais vous quitter,

---

[1] Énée est le héros de l'*Énéide* de Virgile. Achate est son compagnon fidèle.
[2] Ce nom, formé sur le grec, signifie « bon à tout », « rusé ».
[3] En 1502, une croisade française tenta, sur l'instigation du pape, de reprendre l'île grecque de Mytilène, occupée par les Turcs. Elle tourna à la catastrophe.

même si vous allez à tous les diables – nous aurons tout le loisir d'en parler à un moment plus opportun car, pour cette heure, j'ai un besoin très urgent de me nourrir […]. Si vous voulez me mettre à l'ouvrage, vous aurez plaisir à me voir m'empiffrer. Par Dieu, donnez-en l'ordre !

Alors Pantagruel ordonna de le conduire en son logis et de lui apporter une grande quantité de nourriture ; ce qui fut fait. Panurge mangea beaucoup ce soir-là et alla se coucher comme les poules. Il dormit jusqu'au lendemain, à l'heure du déjeuner, en sorte qu'il ne fit que trois pas et un saut du lit à la table.

Chapitre 10

Comment Pantagruel jugea équitablement une controverse prodigieusement obscure et difficile, avec tant de justice que son jugement attira l'admiration

Pour suivre les consignes de son père, Pantagruel débat avec tous les étudiants, les professeurs, les théologiens qui veulent l'affronter. Il en retire une telle réputation, qu'on vient lui proposer d'être juge d'un procès si compliqué que personne ne peut le démêler. Il accepte. On lui apporte donc tous les dossiers du procès, ce qui représente une masse énorme.

[...]

Mais Pantagruel leur dit :

– Messieurs, les deux seigneurs qui font ce procès sont-ils encore vivants ?

On lui répondit que oui.

– Alors à quoi servent ces paperasses et ces copies que vous me donnez ? Ne vaut-il pas mieux les entendre évoquer de vive voix leur différend, plutôt que lire ces singeries, qui ne sont que tromperies, astuces diaboliques à la Cepola[1] et détournement des lois. Car je suis sûr que vous et tous ceux entre les mains desquels est passé le procès, y avez introduits des arguments *pro et contra*[2]. Et au cas où la controverse était claire et facile à juger, vous l'avez obscurcie par de sottes et déraisonnables raisons et les opinions ineptes d'Accurse, Balde, Bartole, de Castro, d'Imola, Hippolyte, Panorme, Bartachim, Alexandre, Curtius[3] et ces autres vieux cabots qui ne comprirent jamais la moindre loi des *Pandectes*[4] et n'étaient que de gros veaux, ignorant totalement tout ce qui est nécessaire à la compréhension des lois.

C'est certain ; car ils ne connaissaient ni le grec ni le latin mais seulement la langue gothique et barbare. Et pourtant, premièrement, les lois viennent des Grecs, comme en

---

1→ Il s'agit d'un juriste italien du xvᵉ siècle, qui avait publié un recueil de tous les moyens possibles pour tourner la loi.
2→ « Pour et contre ». Voir note 1, p. 167.
3→ Il s'agit des plus célèbres juristes des xiᵉ, xvᵉ et xviᵉ siècles.
4→ Un des recueils de lois de l'empereur Justinien (empereur romain qui régna sur l'Empire byzantin au viᵉ siècle) que l'humaniste Guillaume Budé venait de traduire et d'éditer. Le droit romain est le fondement du droit civil moderne.

témoigne Ulpien au livre deux du *De origine juris*[1] et toutes les lois sont pleines de citations et de mots grecs. Deuxièmement, elles sont rédigées dans le latin le plus élégant et le plus orné qui soit, autant que celui de Salluste, Varron, Cicéron, Sénèque, Tite-Live et Quintilien[2]. Comment auraient-ils donc pu comprendre ces textes de lois, ces vieux rêveurs, qui n'ont jamais lu un bon livre en latin, comme on s'en aperçoit manifestement à leur style, qui est un style de ramoneur de cheminée, de cuisinier ou de marmiton et non de juriste.

Vu que les lois tirent leurs racines de la philosophie morale et naturelle, comment pourraient-ils les comprendre, ces fous qui, par Dieu, ont moins étudié la philosophie que ma mule ? Quant à la littérature classique et à la connaissance de l'Antiquité et de l'histoire, ils en sont aussi garnis qu'un crapaud de plumes, alors que le droit en est empli et ne peut être compris sans elles, comme je le montrerai un jour, plus clairement, par écrit.

Aussi, si vous voulez que je prenne connaissance de ce procès, premièrement, brûlez-moi tous ces papiers et deuxièmement, faites venir les deux gentilshommes, en personne, devant moi. Et, quand je les aurai entendus, je vous donnerai mon opinion, sans aucune feinte ni dissimulation.

[...]

Les conditions de Pantagruel sont acceptées et il
fait comparaître les deux gentilshommes.

1→ Ulpien est un juriste latin du IIe siècle. Le titre de son ouvrage signifie « l'origine du droit ». Les humanistes le considèrent comme le plus grand des commentateurs antiques.
2→ Célèbres auteurs latins, de différentes époques, à la langue très élégante.

Rabelais et le droit

Rabelais avait commencé par étudier le droit. C'est un sujet qui l'intéresse et qui sera abordé fréquemment dans *Pantagruel*. Rénover le droit était une préoccupation des humanistes, en particulier de son ami Guillaume Budé, avec lequel Rabelais fait cause commune. On trouvera donc dans *Pantagruel* beaucoup d'attaques contre les anciennes méthodes, les anciens juristes, surtout italiens ; et l'éducation de Pantagruel laisse une place importante à l'étude des lois. On retrouve le même souci que pour la religion : les lois sont de beaux textes latins (chapitre 8), il faut être capable de les comprendre et de les apprécier dans leur forme originale. C'est une raison supplémentaire à l'apprentissage du latin et du grec. Rabelais évoque ces idées en les mettant, d'une manière très sérieuse, dans la bouche de Pantagruel ou par la parodie ou la dérision, dans les chapitres qui vont suivre.

Chapitre 11

Comment les seigneurs de Baisecul et Humevesne[1] plaidèrent, sans avocat, devant Pantagruel

Chapitre 12

Comment le seigneur de Humevesne plaida devant Pantagruel

---

[1] Comme le premier, le nom de ce seigneur est aussi farcesque que le précédent : on peut le traduire par « Renifle-pet ».

Chapitre 13

**Comment
Pantagruel rendit
sa sentence sur
le différend
des deux seigneurs**

Les deux plaidoyers sont absolument dénués de sens : c'est, dans le style de langage que Rabelais critique chez les juristes, un enchaînement de phrases toutes faites (dans lesquelles, toutefois, les commentateurs ont pu trouver des allusions à certains événements de l'époque concernant la politique française vis-à-vis de la papauté et des pouvoirs de l'Église dans les universités). Pantagruel rend une sentence tout aussi incompréhensible, qui satisfait parfaitement les deux plaideurs et laisse admiratifs tous les juristes venus l'écouter.

Chapitre 14

**Panurge raconte
la façon dont
il échappa aux
mains des Turcs**

À la suite de son jugement,
on propose à Pantagruel de le
nommer maître des requêtes
et président à la cour[1]. Il refuse,
préférant qu'on le remercie par
un tonneau de vin. Pendant qu'il boit avec ses amis,
Panurge lui raconte ses aventures chez les Turcs.

[...]

« Ces vicieux de Turcs m'avaient mis à la broche, tout
lardé comme un lapin, car j'étais si maigre qu'autrement
ma viande aurait été un fort mauvais mets ; et, en cet état,
ils me faisaient rôtir tout vif. Alors qu'ils me rôtissaient, je
me recommandai à la grâce divine, gardant en mémoire le
bon saint Laurent[2] ; j'espérais toujours que Dieu me déli-
vrerait de ce tourment, ce qui arriva bien étrangement.
Comme je me recommandais de tout mon cœur à Dieu en
criant : « Seigneur Dieu, aide-moi ! Seigneur Dieu, sauve-
moi ! Seigneur Dieu, éloigne de moi ce supplice auquel me
soumettent ces chiens de traîtres, parce que je n'aban-
donne pas ta loi ! », le rôtisseur s'assoupit par la volonté de

---

1→ Deux importantes fonctions en justice.
2→ Saint Laurent fut martyrisé et mourut brûlé vif sur un instrument
de torture en forme de gril de rôtisseur.

Dieu ou de quelque bon Mercure qui endormit perfidement Argus aux cent yeux[1].

« Quand je m'aperçus qu'il ne me tournait plus pour me rôtir, je le regarde et vois qu'il s'endort. Alors, avec les dents, je prends un tison par le bout où il n'était pas brûlé et je vous le jette au giron de mon rôtisseur ! Et, du mieux que je peux, j'en jette un autre sous un lit de camp, situé près de la cheminée, où était la paillasse de Monsieur mon rôtisseur.

« Aussitôt, le feu prit à la paille et de la paille au lit, du lit au plafond dont les boiseries de sapin comportaient des culs-de-lampe[2]. Mais le plus drôle fut que le brandon que j'avais jeté au giron de mon vicieux rôtisseur lui brûla tous le pénis et s'attaquait aux couillons. Mais il ne puait pas assez pour ne pas le sentir avant le jour et, se levant comme un bouc étourdi, il cria à la fenêtre de toutes ses forces : « *Dal baroth, dal baroth !* » ce qui signifie « Au feu, au feu ! » Puis il vint tout droit à moi pour me jeter dans le feu ; déjà il avait coupé les cordes dont on avait lié mes mains et coupait les liens de mes pieds.

« Mais, entendant l'appel « Au feu ! » et, de la rue où il se promenait avec quelques autres pachas et muftis sentant déjà la fumée, le maître de maison courut aussi vite qu'il put pour prêter secours et sauver les meubles. À peine arrivé, il tire la broche où j'étais embroché et tua tout raide mon rôtisseur, qui mourut là, faute de soin ou pour autre

---

1→ Légende évoquée dans les *Métamorphoses* du poète latin Ovide.
2→ Voir note 4, p. 139.

chose : car il lui passa la broche un peu au dessus du nombril, vers le flanc droit, lui perça le troisième lobe du foie
puis, dirigeant le coup vers le haut, pénétra le diaphragme
et, traversant la membrane du cœur, sortit la broche par le
haut des épaules entre les vertèbres et l'omoplate gauche.

« Il est vrai qu'en retirant la broche de mon corps, il
m'avait fait tomber à terre, près des chenets, et je me fis un
peu de mal mais pas trop toutefois car les lardons amor-
tirent le choc.

« Puis mon pacha vit que le cas était désespéré et que sa
maison était brûlée sans rémission et tous ses biens per-
dus. Il se donna à tous les diables, appelant Grilgoth, Astarot, Rappalus et Gribouillis[1] à neuf reprises. Alors j'eus
une peur bleue car je pensais : « À cette heure, les diables
vont venir ici pour emporter ce fou. Ils seraient bien
capables de m'emporter aussi : je suis là, à demi rôti. Mes
lardons seront causes de mon mal, car ces diables sont
friands de lardons, d'après l'autorité du philosophe Jamblique et de Murmel dans l'*Apologie De bossutis et contre-
factis pro Magistros nostros*[2]. » Mais je fis le signe de croix en
criant « ἅγιος ἀθάνατος ὁ θεός[3] ». Et aucun diable
ne vint.

« Conscient que son cas était désespéré, mon vilain

---

[1] Astarot et Rappalus étaient des noms de diables au Moyen Âge.
Les deux autres noms sont inventés.
[2] Jamblique est un philosophe du IVᵉ siècle, qui a écrit un traité sur les
esprits mais n'a évidemment jamais affirmé la théorie que lui prête Panurge,
pas plus que Murmel. On ne sait pas qui a écrit *L'Apologie des bossus et des
contrefaits, en la faveur de nos maîtres*. Existe-t-elle vraiment ?
[3] En grec, cela signifie « Dieu est saint et immortel ».
C'était une formule d'exorcisme.

pacha voulut se tuer avec ma broche et s'en percer le cœur ; de fait, il la pressa contre sa poitrine mais elle ne pouvait s'enfoncer car elle n'était pas assez pointue. Il poussait de toutes ses forces mais il n'arrivait à rien.

« Alors je m'approchai et lui dis :

– Messire Bougre[1], tu perds ton temps : tu ne te tueras jamais ainsi. Certes tu te feras une bonne blessure dont tu souffriras toute ta vie entre les mains des barbiers[2]. Mais si tu veux, je vais te tuer raide ; et tu ne sentiras rien, crois-moi, car j'en ai déjà tué beaucoup d'autres qui s'en sont bien trouvés.

– Ah, mon ami, dit-il, je t'en prie ! Si tu fais cela, je te donne ma bourse. Tiens, la voici, elle contient six cents séraphs[3], plus quelques diamants et rubis de toute beauté.

– Et, dit Épistémon, où sont-ils ?

– Par saint Jean, répondit Panurge, ils sont bien loin s'ils courent toujours !

Mais où sont les neiges d'antan[4] *?*

C'était le plus grand souci de Villon, le poète parisien.

– Achève, je te prie, dit Pantagruel, que nous sachions comment tu accommodas ton pacha.

– Foi d'homme de bien, dit Panurge, je ne mens pas : je l'entoure d'un méchant pantalon, que je trouve là, à demi

---

1→ *Bougre* signifie « homosexuel ».
2→ À cette époque, les barbiers étaient également chirurgiens. La profession de chirurgien était très méprisée car c'était un métier manuel.
3→ Monnaie orientale en or très pur.
4→ Panurge cite un vers très célèbre de « La Ballade des dames du temps jadis » du poète François Villon, mort en 1463.

brûlé et je vous l'attache solidement, par les pieds et mains, avec mes cordes, si bien qu'il ne pouvait résister. Puis je lui passai ma broche en travers du gosier et le pendis, accrochant la broche à deux gros crampons qui soutenait des hallebardes[1]. Je vous attise un beau feu dessous et vous flambe mon milord, comme un hareng saur dans la cheminée. Puis, je pris sa bourse et un petit javelot, qui se trouvait sur les crampons, et je m'enfuis au galop. Et Dieu sait si je sentais la sueur.

« Quand je fus descendu dans la rue, je trouvai tout le monde, accouru avec de l'eau, pour éteindre le feu. Me voyant à demi rôti, ils eurent pitié de moi, naturellement ; ils jetèrent sur moi toute leur eau et me rafraîchirent joyeusement, ce qui me fit très grand bien. Puis ils me donnèrent un peu de nourriture mais je n'en mangeai guère car, selon leur coutume, ils ne l'accompagnaient pas de vin.

« Ils ne me firent aucun mal, sauf un vilain petit Turc, bossu par devant, qui, furtivement, me croquait mes lardons. Mais je lui donnai un coup si rude sur les doigts avec mon javelot qu'il n'y retourna pas deux fois. Et une jeune catin corinthienne, qui m'avait apporté un pot de myrobolans[2] aphrodisiaques, confits à leur façon, et regardait comment mon pauvre membre émoussé s'était tiré du feu (car il ne me descendait plus qu'au genou). Mais notez

---

1→ Une hallebarde est une pique terminée par une sorte de hache. Ce fut une arme de fantassin du XIVe au XVIIIe siècle.
2→ Fruit des Indes que les apothicaires donnaient, séchés, pour soulager les maux de ventre.

que ce rôtissage me guérit entièrement d'une sciatique, à laquelle j'étais sujet depuis plus de sept ans, du côté où mon rôtisseur, en s'endormant, me laissa brûler.

« Or, pendant qu'ils s'amusaient avec moi, le feu réussit, ne me demandez pas comment, à gagner plus de deux mille maisons. L'un d'entre eux s'en aperçut et s'écria : « Ventre Mahomet[1], toute la ville brûle tandis que nous, nous nous amusons ici. » Et chacun s'en alla vers sa chacunière. Quant à moi, je prends le chemin de la porte. Arrivé sur une petite butte près de là, je me retourne comme la femme de Loth[2] et je vois toute la ville en flamme, ce qui me ravit tant que, de joie, je faillis me chier dessus. Mais Dieu m'en punit bien.

– Comment ? dit Pantagruel.

– Alors que je regardais, plein d'allégresse ce beau feu, me moquant et disant : « Ah, pauvres puces ! Ah pauvres souris, vous aurez un mauvais hiver, le feu est en votre grange ! », il sortit de la ville plus de six, voire plus de treize cent onze chiens, des gros et des maigres, tous ensemble, qui fuyaient le feu. Aussitôt, ils accoururent droit sur moi, car ils sentaient l'odeur de ma paillarde chair à demi rôtie et ils m'auraient dévoré sur l'heure si mon bon ange ne m'avait bien inspiré en m'enseignant un remède bien opportun contre le mal de dents.

---

[1] Panurge fait jurer les musulmans comme juraient les chrétiens en disant « Ventre Dieu ».
[2] Quand Dieu décida de détruire la ville de Sodome pour les crimes de ses habitants, seuls furent sauvés Loth et sa famille, mais ils devaient fuir sans regarder en arrière. La femme de Loth ne put résister à la curiosité et fut transformée en statue de sel. (Bible, Genèse 19.)

– Et à quel propos craignais-tu le mal de dents ? demanda Pantagruel. N'étais-tu pas guéri de tes rhumatismes ?

– Pâques d'œufs[1] ! répondit Panurge. Y a-t-il plus grand mal de dents que quand les chiens vous tiennent aux jambes ? Mais soudain, je pensai à mes lardons et je les jetai au milieu d'eux. Alors les chiens d'aller et de se battre à belles dents, à qui aurait le lardon. Par ce moyen, ils me laissèrent et je les laissai aussi se bagarrer entre eux. C'est ainsi que je m'échappai, gaillard et de bonne humeur. Et vive la rôtisserie ! »

Chapitre 15

Comment Panurge enseigne une manière bien nouvelle de bâtir les murailles de Paris

Panurge, qui trouve les murailles de Paris bien insuffisantes contre les attaques ennemies, propose de les renforcer à peu de frais, d'une façon toute nouvelle.

Chapitre 16

**Les mœurs
et les manières
de Panurge**

Panurge était de taille moyenne, ni
trop grand ni trop petit, et avait le nez
en bec d'aigle, en forme de manche de
rasoir. Il était, à l'époque, âgé de trente-
cinq ans environ, un garçon en or aussi fin qu'une dague
de plomb[1], agréable de sa personne, excepté qu'il était
quelque peu paresseux et, par nature, sujet à une maladie
qu'on appelait en ce temps-là :

Le manque d'argent est douleur sans égale[2].

(Toutefois, il avait soixante-trois manières d'en trouver,
toujours selon son besoin, dont la plus honorable et la plus
commune était le vol, commis furtivement.) Malfaisant,
escroc, buveur, vagabond, chapardeur, s'il en était à Paris !
Au demeurant, le meilleur fils du monde. Il machinait toujours quelque chose contre les sergents et contre le guet.

Tantôt, il rassemblait trois ou quatre bons rustres et, sur
le soir, les faisait boire comme des templiers[3]. Ensuite il les
amenait près de l'église Sainte-Geneviève ou du collège de
Navarre[4] et, à l'heure où le guet[5] montait par là (ce qu'il

---

1➤ Remarque ironique.
2➤ En ancien français : *Faute d'argent, c'est douleur non pareille.*
C'était le refrain d'une chanson d'étudiants du XVe siècle, devenue depuis
un dicton encore employé.
3➤ Les Templiers appartenaient à un ordre religieux et militaire, fondé en 1119
pour défendre les pèlerins en Terre sainte. L'ordre, qui s'était très enrichi,
fut persécuté et anéanti par le roi Philippe le Bel qui confisqua ses richesses.
4➤ L'église Sainte-Geneviève et le collège de Navarre se situent en haut
de la montagne Sainte-Geneviève, à Paris.
5➤ Le guet est la police de nuit.

savait en posant son épée sur le pavé et collant son oreille dessus : lorsqu'il entendait son épée vibrer, c'était le signe infaillible que le guet était proche), à cette heure-là donc, ses compagnons et lui prenaient un tombereau et ils le mettaient en mouvement. Ils le poussaient de toutes leurs forces dans la pente et ainsi, jetaient à terre les pauvres soldats du guet, comme des porcs. Puis ils s'enfuyaient d'un autre côté car, en moins de deux jours, il connaissait toutes les rues, ruelles et raccourcis de Paris aussi bien que son *Deus det*[1].

Tantôt, en un endroit où le guet devait passer, il répandait une traînée de poudre à canon, et, à l'heure où les soldats passaient, il y mettait le feu et s'amusait à voir la bonne grâce avec laquelle ils fuyaient, pensant que le feu Saint-Antoine[2] les tenait aux jambes.

Quant aux pauvres étudiants en art, il les persécutait plus que tous les autres. Lorsqu'il en rencontrait un dans la rue, il ne manquait jamais de lui jouer un tour : parfois en lui mettant une crotte dans le bourrelet de son chaperon[3], parfois en lui attachant par derrière de petites queues de renard ou des oreilles de lièvre, ou quelque autre malice. Un jour où on leur avait assigné de se trouver rue du Fouarre[4], il fit une pâte composée d'ail, de *galbanum*, d'*assa fetida*, de *castorum*[5], de crottes toutes chaudes ; il la fit tremper dans

---

1→ Premiers mots d'une prière d'action de grâces. En français :
« Que Dieu nous donne sa paix... »
2→ Voir note 3, p. 120.
3→ Voir note 1, p. 34.
4→ On dit que cette rue tire son nom de la paille (*fouarre*) sur laquelle
s'asseyaient les étudiants de la faculté des arts.
5→ Ce sont des substances à l'odeur particulièrement infecte.

le pus de chancres ulcéreux et, de fort bon matin, en graissa et couvrit tout le pavé si bien que le diable lui-même n'y aurait pas résisté. Et toutes ces bonnes gens vomissaient tripes et boyaux. Il en mourut dix ou douze de peste, quatorze eurent la lèpre, dix-huit la goutte et plus de vingt-sept la vérole. Mais il ne s'en souciait pas.

Il portait ordinairement un fouet sous sa robe, avec lequel il fouettait sans arrêt les petits pages qu'il rencontrait quand ils portaient du vin à leurs maîtres, pour les faire avancer plus vite. Dans ses vêtements, il avait vingt-six petites bourses et pochettes, toujours pleines. L'une, d'un petit dé de plomb et d'un petit couteau, affûté comme l'aiguille d'un pelletier avec lequel il coupait les bourses. Une autre de verjus qu'il jetait aux yeux de ceux qu'il croisait. Une autre de gratterons, garnis de petites plumes d'oie ou de poule, qu'il jetait sur les robes et les bonnets des bonnes gens ; et, souvent, il leur en faisait de belles cornes qu'ils portaient dans toute la ville, parfois leur vie entière. Et parfois aussi, il en accrochait derrière les chaperons des femmes, en forme de membre d'homme.

Dans une autre, un tas de cornets, pleins de puces et de poux, qu'il empruntait aux gueux de Saint-Innocent[1]. Il les jetait, avec de belles petites sarbacanes ou des plumes à écrire, sur les cols des demoiselles les plus sucrées qu'il rencontrait, et surtout à l'église ; car il ne se mettait jamais en haut, dans le chœur mais il demeurait toujours dans la

---

1→ Saint-Innocent était un cimetière, près du centre de Paris, où se réunissaient les mendiants.

nef, avec les femmes, aussi bien à la messe, qu'aux vêpres ou au sermon.

En une autre, une bonne provision d'hameçons et de crochets, avec lesquels il accouplait les hommes et les femmes, qui se trouvaient serrés dans la foule, même celles qui portaient des robes de taffetas mince : au moment où elles voulaient s'en aller, elles déchiraient toute leur robe. Dans une autre, un briquet garni d'une mèche, d'allumettes, d'une pierre à feu et des fournitures nécessaires à son usage. Dans une autre, deux à trois miroirs, avec lesquels il faisait enrager les hommes et les femmes et leur faisait perdre contenance à l'église, car il disait qu'il n'y avait qu'une inversion entre *femme folle à la messe* et *femme molle à la fesse*[1].

Dans une autre, il avait une provision de fil et d'aiguilles avec lesquels il faisait mille petites diableries : une fois, à la sortie du palais de justice, dans la grande salle, alors qu'un cordelier[2] disait la messe pour les magistrats, il l'aida à s'habiller et à se vêtir. Mais, en l'aidant à se préparer, il cousit son aube[3] avec sa robe et sa chemise puis se retira quand ces Messieurs de la Cour vinrent s'asseoir pour entendre la messe. Mais, quand on en fut à l'*Ite missa est*[4] et que le pauvre frère voulut enlever son aube, il emporta en même temps habit et chemise qui étaient cousus avec. Il

---

1→ Ce genre d'inversion de sonorités se nomme une contrepèterie.
2→ Les cordeliers sont des moines franciscains. On les nomme ainsi car la ceinture de leur robe est faite d'une corde à trois nœuds.
3→ L'aube est une robe blanche que le prêtre revêt pour dire la messe.
4→ Formule marquant la fin de la messe. En français :
« Allez, la messe est dite. »

se retroussa jusqu'aux épaules, montrant à tout le monde son callibistris[1], qui assurément n'était pas petit. […]

De même, il avait une autre poche, pleine de poil à gratter, qu'il jetait dans le dos des femmes qui lui paraissaient les plus arrogantes : il obligeait ainsi les unes à se déshabiller devant tout le monde, les autres à danser comme un coq sur de la braise ou une bille sur un tambour ; les autres à courir dans les rues ; et lui, leur courait après et il posait sa cape sur le dos de celles qui se déshabillaient, comme un homme courtois et galant.

De même, dans une autre poche, il avait un petit flacon, plein de vieille huile et, quand il rencontrait un homme ou une femme, qui portait une belle robe, il leur en graissait et abîmait les plus beaux endroits, sous prétexte de les toucher et de leur dire : « Quel beau drap, quel beau satin, oh, le beau taffetas, Madame ! Que Dieu vous donne ce que votre cœur désire ! Vous avez une robe neuve et un nouvel amant, que Dieu vous les garde ! » Ce disant, il leur mettait la main sur le col ; du même coup, une vilaine tache y demeurait perpétuellement, si profondément gravée dans l'âme, le corps et la renommée que le diable même ne l'aurait pas ôtée. […]

Dans une autre, une pince-monseigneur, un rossignol, un crochet et quelques autres outils avec lesquels il n'y avait ni porte ni coffre qu'il ne crochetât. Dans une autre, plein de petits gobelets avec lesquels il jouait fort adroitement[2] car il était aussi habile de ses doigts que Minerve ou

---

1→ C'est-à-dire son sexe.
2→ Comme un joueur de bonneteau.

Arachné[1]. Autrefois il avait été charlatan et, quand il allait changer de la monnaie, le changeur aurait été plus fin que Maître Mouche[2] si Panurge ne lui avait pas fauché cinq ou six pièces d'argent, visiblement, ouvertement, manifestement, sans douleur ni blessure; et le changeur n'y voyait que du feu.

Chapitre 17

Comment Panurge gagnait les indulgences, mariait les vieilles et eut des procès à Paris

Un jour, je trouvai Panurge un peu déconfit et taciturne; je me doutai bien qu'il n'avait pas un sou. Aussi je lui dis:

– Panurge, vous êtes malade, je le vois à votre physionomie et je comprends votre mal: vous avez une blessure à la bourse; mais ne vous en souciez pas: j'ai encore six sous et quelques pièces qui n'ont jamais vu ni père ni mère: ils ne vous manqueront pas plus que la vérole, si vous en avez besoin.

À quoi il me répondit:

1→ La déesse Minerve (ou Athéna) et la mortelle Arachné étaient les meilleures des tisseuses. Arachné défia la déesse dans un concours. On ne put les départager mais Minerve changea Arachné en araignée. (Lire cette légende dans *Les Dieux de la mythologie grecque*, Folio Junior Les universels.)
2→ Type populaire d'escamoteur.

– Eh, merde pour l'argent! Je n'en aurai un jour que trop car j'ai une pierre philosophale[1] qui attire l'argent de toutes les bourses. Mais voulez-vous venir gagner des indulgences[2]?

Ma foi, je ne suis pas très porté sur l'indulgence dans ce bas monde; et je ne sais pas si je le serai dans l'autre. Eh bien! Allons-y au nom de Dieu, mais pour un denier[3], ni plus ni moins.

– Mais, dit-il, prêtez-moi donc un denier.

– Mais non, mais non! Je vous le donne de bon cœur.

– Merci, mon bon Monsieur.

Nous voilà partis, commençant par l'église Saint-Gervais, et je gagnai des indulgences au premier tronc seulement car je me contente de peu en ces matières. Puis je dis de courtes prières et les oraisons de sainte Brigitte. Mais Panurge gagna des indulgences à tous les troncs et continuait de donner de l'argent à tous les vendeurs d'indulgences.

De là, nous nous transportâmes à Notre-Dame, à Saint-Jean, à Saint-Antoine et à d'autres églises où se tenaient des comptoirs d'indulgences. Pour ma part, je n'en gagnai plus. Mais lui, à tous les troncs, il baisait les reliques et donnait à chacun. Bref, quand nous fûmes de retour, il m'emmena boire au cabaret du Château et me montra dix ou douze de ses bourses, pleines d'argent. Alors je fis le signe de croix et dis:

1→ La pierre philosophale était censée changer le plomb en or.
2→ Moyennant finance, l'Église catholique proposait de diminuer le temps de purgatoire que la plupart des âmes devaient accomplir, après leur mort, pour se purifier de leurs péchés et gagner le paradis. (Voir l'encadré p. 208.)
3→ Un denier représente une très petite somme.

– Comment avez-vous récupéré tant d'argent en si peu de temps ?

À quoi il me répondit qu'il l'avait pris dans les plateaux des indulgences.

– Car, en leur donnant le premier denier, dit-il, je le mis si adroitement qu'on aurait dit une grosse pièce d'argent ; ainsi, d'une main, je pris douze deniers, ou peut-être douze liards ou même le double, et de l'autre, trois ou quatre douzains[1]. Et ainsi, dans toutes les églises où nous sommes allés.

– Oui mais, dis-je, vous vous damnez comme un serpent. Vous êtes voleur et sacrilège.

– C'est ce que vous pensez mais pas moi. Car les vendeurs d'indulgences m'en font cadeau, quand ils me disent en me présentant les reliques à baiser : « Tu recevras le centuple. » Cela veut dire : « Pour un denier, prends-en cent. » Car « tu recevras » est un futur, employé pour un impératif, à la manière des Hébreux, comme on le voit dans la Loi : « Tu aimeras le seigneur » pour : « Aime le seigneur ». Ainsi, quand le vendeur d'indulgences me dit : « Tu recevras le centuple », il veut dire : « Reçois le centuple »…

[…]

Ensuite Panurge raconte pourquoi, malgré son habileté, il n'a jamais d'argent : il l'emploie à doter les vieilles femmes les plus laides pour qu'elles puissent se marier, à jouer des tours à chacun et à intenter des procès coûteux.

[1] Un liard équivalait à 3 deniers, un douzain à 12 deniers.

La religion : le trafic d'indulgences

Dans la religion catholique, les peines de purgatoire liées aux péchés pouvaient être effacées par des indulgences, dispenses accordées par l'Église aux pénitents ayant effectués des actes pieux. À partir de 1515, le pape décide de les vendre, pour pouvoir terminer les coûteux travaux de la basilique Saint-Pierre à Rome. La vente d'indulgences, que décrit Rabelais dans ce chapitre, était un objet de scandale pour beaucoup de chrétiens. Ainsi, ce trafic a été condamné par Luther et est l'une des causes qui le décidèrent à abandonner le catholicisme et à vouloir réformer la religion. Il écrivit à ce propos, dans ses thèses de 1515 : « Les prédicateurs de l'indulgence sont dans l'erreur quand ils disent que les indulgences du pape délivrent l'homme de toutes les peines et le sauvent... Les indulgences, dont les prédicateurs vantent à grand cris les mérites, n'en ont qu'un, celui de rapporter de l'argent. » Rabelais, en bon évangélique, réprouve ce trafic. Il ne croit pas plus au pouvoir des indulgences, qu'à celui des pèlerinages ou des reliques. (Voir l'encadré sur la religion de Rabelais, p. 121.)

Chapitre 18

Comment un grand clerc[1] d'Angleterre voulut argumenter contre Pantagruel, et fut vaincu par Panurge

La renommée de Pantagruel est telle qu'elle se propage jusqu'en Angleterre. Un grand savant, nommé Thaumaste[2], vient donc spécialement en France

---

[1] Voir note 3, p. 44.
[2] Le nom est forgé sur le grec et signifie « l'admirable ». Mais il rappelle aussi le prénom Thomas, très fréquent en Angleterre et qui, en France servait de surnom à tous les Anglais.

pour se mesurer à lui. Mais les sujets dont il entend débattre sont si complexes qu'il ne veut pas utiliser les mots, qui seraient insuffisants et risqueraient de trahir sa pensée. Il ne veut s'exprimer que par signes. Comme Pantagruel est très angoissé par ce débat, Panurge propose de le remplacer.

Chapitre 19

Comment Panurge obtint une victoire écrasante contre l'Anglais qui argumentait par signes

Dans un silence total, devant un large public attentif, les deux adversaires échangent des gestes, assez difficiles à comprendre. Rabelais veut faire une satire des discussions scolastiques[1] souvent formelles et creuses.

[...]

L'Anglais fit alors ce signe : il leva haut en l'air la main gauche grande ouverte, puis serra son poing sur ses quatre doigts et pressa son pouce tendu sur le bout de son nez. Aussitôt après, il leva la main droite, grande ouverte puis

---

1➔ Voir l'encadré sur l'éducation, p. 68.

la baissa pour en joindre le pouce à l'endroit où se repliait le petit doigt de sa main gauche. Lentement, il agitait les quatre doigts. Ensuite, il inversa : il fit de la main droite ce qu'il avait fait de la gauche et de la main gauche, ce qu'il avait fait avec la droite.

Panurge ne s'en étonna pas. De la main gauche, il tira en l'air sa gigantesque braguette[1] et, de la droite, en sortit un os blanc de côte de bœuf et deux bouts de bois de même forme, l'un en ébène noir, l'autre en bois du Brésil écarlate. Il les plaça entre ses doigts, bien symétriquement, et les entrechoqua, produisant le même bruit que les lépreux, en Bretagne, avec leurs cliquettes[2], en plus sonore et plus harmonieux toutefois. Et avec sa langue, contractée dans la bouche, il fredonnait joyeusement, tout en continuant à regarder l'Anglais.

Les théologiens, médecins et chirurgiens pensaient que, par ce signe, il voulait dire que l'Anglais était lépreux. Les conseillers, légistes et juristes pensaient que, ce faisant, il voulait conclure qu'il existait une espèce de bonheur terrestre dans l'état de lépreux, comme jadis le soutenait le Seigneur[3]. […]

1→ La braguette venait d'être inventée. Elle était souvent brodée et décorée. Elle servait aux hommes de poche pour ranger leur mouchoir, leurs pièces de monnaie, leur chapelet… Elle pouvait donc être assez volumineuse, et Rabelais s'en amuse.
2→ La lèpre tendait à disparaître en France, sauf en Bretagne. Comme on avait très peur de la contagion, les lépreux prévenaient de leur arrivée en agitant des sortes de crécelles.
3→ Allusion à la parabole de Lazare, dans l'Évangile : Lazare, le pauvre lépreux, aura sa récompense au paradis, à la différence du mauvais riche.

Comme on le voit, les interprétations varient. Cependant, à la suite d'un long débat, toujours muet mais très angoissant pour lui, l'Anglais se reconnaît vaincu.

Chapitre 20

Comment Thaumaste raconte les talents et le savoir de Panurge

Thaumaste remercie Panurge, qui lui a permis de résoudre des points très obscurs. Il loue Pantagruel qui a su former un tel disciple et tout se termine par un formidable banquet où chacun boit « à ventre déboutonné ».

Chapitre 21

Comment Panurge tomba amoureux d'une grande dame de Paris

Panurge, à la suite de sa victoire sur l'Anglais, voit grandir sa renommée et, en conséquence, son succès auprès des femmes. Cela lui tourne la tête et, rencontrant une noble dame qui lui plaît, sans préambule, il lui fait des propositions choquantes qu'elle repousse avec hauteur. Son insistance n'y fait rien et il décide de se venger.

Chapitre 22

Comment Panurge joua un mauvais tour à la dame parisienne

Un jour de fête, où la dame a revêtu ses plus beaux atours, Panurge verse sur sa robe une substance qui fait accourir tous les chiens de la ville.

[...] Mais le plus drôle, ce fut la procession : on y vit plus de six cent mille quatorze chiens autour d'elle, qui lui faisaient mille misères ; et partout où elle passait, les derniers chiens accourus la suivaient à la trace, pissant sur les endroits que sa robe avait touchés. Tout le monde s'arrêtait à ce spectacle, considérant le comportement de ces chiens, qui lui montaient jusqu'au cou. Ils lui abîmèrent toutes ses belles parures et le seul remède qu'elle put trouver fut de se retirer dans son logis. Et les chiens de la suivre, et elle de se cacher et les chambrières de rire.

Quand elle fut rentrée dans sa maison et qu'elle eut fermé la porte derrière elle, tous les chiens y accouraient. Ils compissèrent si bien la porte de sa maison, qu'ils y firent, de leurs urines, un ruisseau dans lequel des canes auraient pu nager. Et c'est ce ruisseau qui, à présent, passe à Saint-Victor dans lequel Gobelin[1] teint l'écarlate, grâce à la vertu spécifique de ces pisses de chien, comme jadis le prêcha publiquement notre maître d'Oribus[2]. Dieu me pardonne! Il aurait pu faire tourner un moulin mais pas aussi grand toutefois que ceux du Bazacle à Toulouse[3].

[…]

Chapitre 23

Comment Pantagruel partit de Paris, en apprenant que les Dipsodes envahissaient le pays des Amaurotes, et pourquoi les lieues sont si petites en France

Peu de temps après, Pantagruel apprit que son père avait été transporté au pays des fées par Morgane, comme jadis

---

[1] Depuis le XVe siècle, la famille Gobelin dirigeait une entreprise de teinture, utilisant l'eau de la Bièvre. Cette entreprise est devenue au XVIIe siècle la fabrique de tapisseries des Gobelins, célèbre dans le monde entier.
[2] Rabelais se moque ici du théologien Matthieu Ory, ennemi des humanistes.
[3] Il s'agit de moulins à eau, bâtis sur la Garonne.

Ogier et Arthur[1] et que, au bruit de ce transport, les Dipsodes étaient sortis de leurs frontières, avaient dévasté une grande région d'Utopie et faisaient pour lors le siège de la grande ville des Amaurotes[2]. Avec ses plus fidèles compagnons, il quitta donc Paris, sans dire adieu à personne, car l'affaire était urgente et alla à Rouen. [...] Partant de Rouen, Pantagruel, Panurge, Épistémon, Eusthènes et Carpalim arrivèrent à Honfleur, où ils montèrent en bateau. Là, tandis qu'ils attendaient un vent propice et calfataient[3] leur navire, Pantagruel reçut d'une dame de Paris (qu'il avait entretenue un bon moment), une lettre adressée à:

AU PLUS AIMÉ DES BELLES,

AU MOINS LOYAL DES PREUX.

P. N. T. G. R. L.

1→ Héros des romans de chevalerie.
2→ Dipsodes: voir note 1, p. 157. Utopie: voir l'encadré p. 153.
Le mot Amaurotes signifie « les obscurs, les indistincts ».
Leur ville est la capitale d'Utopie, le pays de Pantagruel.
3→ *Calfater un navire* signifie « le rendre bien étanche ».

Chapitre 24

La lettre qu'un messager apporta à Pantagruel d'une dame de Paris, et l'explication d'un mot écrit sur un anneau d'or

Rien n'est écrit sur la lettre, et l'enveloppe ne contient qu'une bague avec un diamant. Par différents procédés, Panurge cherche à savoir si la lettre n'a pas été écrite à l'encre sympathique ; mais il ne trouve rien. Regardant le diamant de plus près, ils voient dessus des caractères hébreux. Épistémon les traduit : ils signifient « Pourquoi m'as-tu abandonnée ? » Panurge s'aperçoit que le diamant est faux. Il comprend que la dame a envoyé un rébus :

« Diamant faux — Pourquoi m'as-tu abandonnée ? »
ou
« Dis, amant faux, pourquoi m'as-tu abandonnée ? »

Pantagruel serait bien retourné en arrière pour s'excuser auprès de la dame, mais Épistémon le presse de secourir sa ville natale. En contournant l'Afrique, ils font donc voile vers Utopie et débarquent, chacun d'entre eux prêt à partir en éclaireur.

Chapitre 25

**Comment
Panurge, Carpalim,
Eusthènes,
Épistémon,
compagnons
de Pantagruel,
écrasèrent bien
subtilement
six cent soixante
cavaliers**

[...] Ils avisèrent six cent soixante cavaliers, bien montés sur des chevaux rapides, qui accouraient pour voir quel était ce navire qui venait d'aborder au port. Ils galopaient à bride abattue pour les prendre, s'ils pouvaient. Pantagruel dit alors :

– Mes enfants, retirez-vous dans le navire. Voici des ennemis qui accourent mais je vous les tuerai ici, comme des bêtes, fussent-ils dix fois plus nombreux. Cependant retirez-vous et amusez-vous à ce spectacle.

– Non seigneur, lui répondit Panurge. Il n'y a pas de raison pour que vous le fassiez. Au contraire, retirez-vous dans le navire, vous et les autres, car je les écraserai tout seul. Mais il n'y a pas de temps à perdre. Avancez, vous autres.

À ces mots, les autres dirent :

– C'est bien dit, Seigneur, retirez-vous. Nous, nous aiderons Panurge ici et vous verrez ce que nous savons faire.

– D'accord, je veux bien, dit Pantagruel. Mais, au cas où vous seriez les plus faibles, comptez sur moi.

Alors Panurge tira deux grandes cordes du navire, les attacha au cabestan[1] qui était sur le pont et les lança à

1→ Le cabestan est une roue que les marins font tourner pour enrouler des cordes.

terre. Il en fit deux longues boucles, l'une plus large et l'autre à l'intérieur de la première, puis dit à Épistémon :

– Entrez dans le navire et, quand je vous préviendrai, tournez rapidement le cabestan sur le pont pour ramener à vous ces deux cordes.

Puis il dit à Eusthènes et Carpalim[1] :

– Mes enfants, attendez ici et offrez-vous franchement aux ennemis ; obéissez-leur et faites semblant de vous rendre. Mais faites attention de ne pas entrer dans le cercle des cordes ; restez toujours en dehors. Et aussitôt, il entra dans le navire, prit une botte de paille et un baril de poudre à canon, les répandit dans le cercle des cordes et resta tout près, avec une grenade.

Soudain les cavaliers arrivèrent en force et les premiers allèrent presque heurter le navire. Or, parce que le sol était glissant, il y en eut bien quarante-quatre à tomber avec leurs chevaux. À cette vue, les autres approchèrent, pensant qu'on leur avait résisté à l'arrivée. Mais Panurge leur dit :

– Messieurs, je crois que vous vous êtes fait mal ; pardonnez-nous car ce n'est pas notre faute mais cela vient de la nature glissante de la mer, qui est toujours onctueuse. Nous nous rendons à votre bon plaisir.

Ses deux compagnons en dirent autant, ainsi qu'Épistémon qui était sur le pont.

Cependant Panurge s'éloignait. Voyant que tous étaient dans le cercle de cordes tandis que ses deux compagnons

---

[1] Eusthènes signifie « le fort » et Carpalim « le rapide ».

s'en étaient éloignés, pour laisser de la place à tous ces cavaliers qui allaient en foule voir le navire et ce qu'il y avait dedans, il cria soudain à Épistémon :

– Tire, tire !

Épistémon commença à tirer les cordes, grâce au cabestan : les deux cordes s'empêtrèrent dans les pattes des chevaux ; elles les jetaient très aisément à terre, avec leurs écuyers. Ce que voyant, ils tirèrent l'épée pour rompre les cordes. Alors Panurge mit le feu à la traînée de poudre et les fit tous brûler, comme des âmes damnées. Hommes et chevaux, nul n'en réchappa, excepté un, monté sur un cheval turc qui lui permit de fuir. Mais, quand Carpalim l'aperçut, il lui courut après avec une telle rapidité et une telle vivacité qu'il le rattrapa en moins de cent pas et, sautant sur la croupe de son cheval, il le saisit par derrière et l'amena au navire.

Cette défaite achevée, Pantagruel fut bien joyeux et loua grandement l'habileté de ses compagnons. Il les fit se reposer et festoyer joyeusement sur le rivage et boire jusqu'à plus soif, leur prisonnier avec eux, bien familièrement ; mais le pauvre diable n'était pas sûr que Pantagruel ne le dévorerait pas tout entier, ce qu'il aurait fait, tant il avait la gorge large, aussi facilement que vous avaleriez une dragée, et le pauvre n'y aurait pas tenu plus de place qu'un grain de millet dans la gueule d'un âne.

Chapitre 26

Comment Pantagruel et ses compagnons
étaient lassés de manger de la viande salée,
et comment Carpalim alla chasser pour avoir du gibier

Pour améliorer la qualité des repas, Carpalim, grâce
à sa merveilleuse rapidité, attrape du gibier à la
course. Il en rapporte des quantités, spécialement
des levrauts, très appréciés de Panurge. Pendant
le repas, Pantagruel interroge le prisonnier sur les
effectifs des Dipsodes.

[…]

– Mon ami, dis-nous ici la vérité et ne nous mens pas, si
tu ne veux pas être écorché tout vif, car c'est moi qui
mange les petits enfants. Raconte-nous entièrement l'organisation, le nombre et la force des soldats.

– Seigneur, répondit le prisonnier, sachez qu'en vérité,
dans l'armée, il y a: trois cents géants, aux armures en
pierres de taille et merveilleusement grands, pas tant que
vous toutefois, sauf un, avec une armure d'enclumes
cyclopéennes, qui est leur chef et se nomme Loup Garou;
cent soixante-trois mille fantassins, tous couverts de peaux
de lutins[1], gens forts et courageux; onze mille quatre cents

---

[1] Les peaux de lutins étaient censées rendre invulnérables.

hommes d'armes ; trois mille six cents doubles canons et d'innombrables pièces d'artillerie ; quatre-vingt quatorze mille sapeurs[1] cent cinquante mille putains, belles comme des déesses.[…]

– Bien, dit Pantagruel, mais le roi est-il là ?

– Oui, Sire, dit le prisonnier, il y est en personne et nous le nommons Anarche[2], roi des Dipsodes, ce qui signifie *gens assoiffés,* car on n'a jamais vu de gens si assoiffés ni buvant plus volontiers. Sa tente est gardée par des géants. […]

Malgré le nombre de leurs ennemis, Pantagruel et ses quatre compagnons décident de marcher contre leur armée.

1➔ Les sapeurs (ou pionniers, comme on disait auparavant) sont spécialisés dans le creusement de galeries pour miner les fondations d'un rempart. On les utilisait quand on assiégeait une ville.
2➔ Ce nom, de racine grecque, signifie « sans commandement, sans autorité ».

Chapitre 27

**Comment Pantagruel dressa un trophée
en mémoire de leur prouesse,
et Panurge un autre en mémoire des levrauts.
Comment Pantagruel, de ses pets engendrait
de petits hommes et, de ses gaz de petites femmes.
Et comment Panurge brisa un gros bâton
sur deux verres.**

Ils décident de conserver le souvenir de leurs exploits au combat et à la chasse, en entassant, d'un côté, les dépouilles des cavaliers vaincus et leurs armes, de l'autre, celles des levrauts et quelques instruments de cuisine. Ils écrivent des vers et prononcent quelques fortes paroles.

[…] Puis, en se levant, Panurge fit un pet, un saut et siffla ; et il cria joyeusement :

– Vive Pantagruel !

Voyant cela, Pantagruel voulut en faire autant ; mais, du pet qu'il fit, la terre trembla neuf lieues à la ronde ; et, avec l'air corrompu de ce pet[1] il engendra plus de cinquante trois mille petits hommes, nains et difformes ; d'un gaz qu'il fit, il engendra autant de petites femmes rabougries,

---

1► À l'époque de Rabelais, les physiciens pensaient que beaucoup de petits animaux naissaient de la corruption de l'air.

comme on en voit en plusieurs endroits : elles ne se développent jamais sinon, comme les queues des vaches, vers le bas, ou bien en rond, comme les raves du Limousin.

– Eh, quoi ! dit Panurge. Vos pets sont-ils si fructueux ? Par Dieu, voici de beaux couillons et de belles pétasses : il faut les marier ensemble, ils engendreront des mouches à bœufs.

C'est ce que fit Pantagruel et il les nomma Pygmées ; il les envoya vivre dans une île près de là, où ils se sont fort multipliés depuis, mais les grues[1] leur font continuellement la guerre. Ils s'en défendent courageusement car ces petits bouts d'hommes sont volontiers coléríques. […]

Après cet épisode, Panurge, montrant ses dons par un tour de prestidigitation, renforce le courage de ses compagnons.

[1] Ce mythe des Pygmées en lutte contre les grues est emprunté par Rabelais à l'*Iliade* d'Homère.

Le rire scatologique

Les plaisanteries scatologiques, c'est-à-dire qui évoquent les excréments, faisaient partie du comique de farce, du divertissement populaire. Il y a presque un aspect enfantin dans ce rire, comme dans la farce de Panurge aux étudiants des Beaux-Arts (chapitre 16) ;

les déluges d'urine de Pantagruel, des chiens, de la jument de Gargantua relèvent des inventions d'écolier. On vivait à l'époque au sein des excréments et des odeurs nauséabondes. De plus, Rabelais était médecin, ce qui le rapprochait de toutes les fonctions corporelles.

Utiliser ces ressources du comique permet également de rappeler que le corps humain est sujet à la mort et à la corruption et de rabaisser ceux qui se croient supérieurs. Ainsi, au chapitre 22, la grande dame raffinée et méprisante n'a que ce qu'elle mérite.

Chapitre 28

Comment Pantagruel vainquit bien étrangement les Dipsodes et les géants

Par ruse, Pantagruel fait croire au prisonnier que toute sa flotte arrive et le renvoie auprès d'Anarche, qui s'effraie. Il lui donne également une drogue qui doit donner soif à tous ceux qui la goûtent. Anarche et ses soldats la prennent et sont obligés de boire au point de s'endormir « comme des porcs, pêle-mêle, à travers le camp ». Pantagruel lui-même boit plusieurs barriques de vin blanc et Panurge lui donne des diurétiques. Puis le géant envoie Carpalim mettre le feu au camp. Pendant ce temps, Pantagruel noie les soldats ennemis de son urine. Entre le feu et le déluge urinal, les survivants s'enfuient et Pantagruel a les mains libres pour s'occuper des géants.

Chapitre 29

Comment Pantagruel défit les trois cents géants, aux armures de pierre de taille, et Loup Garou, leur capitaine.

Les géants sauvent le roi Anarche de la noyade, en l'emportant sur leurs épaules. Panurge propose qu'un combat singulier entre Pantagruel et Loup Garou détermine l'issue de la guerre.

[…] Loup Garou se dirigea donc vers Pantagruel armé d'une massue pesant neuf mille sept cents quintaux et deux quarterons, en acier des Chalybes[1], au bout de laquelle il y avait treize pointes de diamant, dont la plus petite était aussi grosse que la plus grande cloche de Notre-Dame de Paris ; il s'en fallait peut-être de l'épais-

---

1→ Il s'agit d'un acier d'Asie Mineure, renommé dans l'Antiquité.

seur d'un ongle ou, au plus, sans mentir, du dos de ces couteaux qu'on appelle coupe-oreilles, enfin un tout petit peu, en plus ou en moins. Et elle était enchantée, si bien qu'elle ne pouvait jamais se rompre mais, au contraire, tout ce qu'elle touchait se rompait aussitôt.

Ainsi donc, comme il s'approchait avec férocité, Pantagruel, levant les yeux au ciel, se recommanda à Dieu de tout son cœur et fit le vœu suivant :

– Seigneur Dieu, qui as toujours été mon protecteur et mon sauveur, tu vois dans quelle détresse je suis maintenant. Rien ne m'amène ici qu'une ardeur naturelle, puisque tu as permis aux hommes de se garder et de se défendre, eux, leurs femmes, leurs enfants, leur pays, leurs familles, dans les cas où tes intérêts propres, c'est-à-dire la défense de la foi ne sont pas en jeu. Car, en telle affaire, tu ne veux pas d'aide, sauf de religion catholique et au service de ta parole, et tu nous as défendu toutes les armes et toutes les défenses, car tu es le Tout-Puissant : dans tes propres affaires, là où ta propre cause est en jeu, tu peux te défendre bien mieux qu'on ne saurait penser, toi qui as mille milliers de centaines de millions d'anges, dont le moindre peut tuer tous les humains et tourner le ciel et la terre à son gré, comme c'est jadis bien apparu dans l'armée de Sennachérib[1]. Donc, s'il te plaît maintenant de me

---

[1] Épisode de la Bible (deuxième livre des Rois 19, 35) : l'ange de Dieu fit périr des milliers d'hommes dans l'armée assyrienne qui assiégeait Jérusalem. De plus, dans l'Évangile selon Matthieu, le Christ interdit qu'on utilise la force pour le défendre. Rabelais et les Évangéliques s'appuient sur ce texte pour prôner un développement pacifique de la foi.

venir en aide, comme c'est en toi seul que je place ma confiance et mon espoir, je te fais ce vœu : partout, tant dans ce pays d'Utopie qu'ailleurs, où j'aurai puissance et autorité, je ferai prêcher ton saint Evangile, purement, simplement et entièrement, si bien que les abus d'un tas de papelards et de faux prophètes, qui, par des interventions humaines et des inventions dépravées, ont empoisonné le monde entier, seront anéantis dans mon entourage[1].

On entendit alors une voix dans le ciel qui disait : « *Hoc fac et vinces* », c'est-à-dire : « Fais ainsi et tu auras la victoire. »

Puis Pantagruel, voyant que Loup Garou approchait la gueule ouverte, marcha hardiment contre lui et cria de toutes ses forces : « À mort, canaille, à mort ! », pour lui faire peur, par cet horrible cri, selon la méthode des Lacédémoniens[2]. Puis, du baril qu'il portait à la ceinture, il lui jeta dix-huit caques et un minot[3] de sel, dont il lui remplit la gorge, le gosier, le nez et les yeux. Mis en fureur, Loup Garou lui lança un coup de sa massue, voulant lui rompre la cervelle. Mais Pantagruel fut habile et eut toujours bon pied, bon œil. Aussi recula-t-il le pied gauche ; mais il ne put éviter que le coup ne tombât sur son baril, qui se rom-

---

1→ On retrouve ici la conviction évangélique : le retour au texte original des saintes Écritures est important ; on ne doit ni le mutiler ni faire des ajouts, car l'homme ne doit pas se substituer à la loi divine.
2→ Dans l'Antiquité, les soldats de Sparte poussaient des cris et chantaient des chants de guerre pour effrayer l'ennemi. En fait, c'était une pratique courante dans toutes les armées.
3→ Une caque est un baril de salaison et un minot, une capacité de mesure qui vaut environ 40 l.

pit en quatre mille quatre-vingt-six morceaux et renversa le reste du sel par terre.

Voyant cela, Pantagruel déplie vigoureusement les bras et, selon l'art de la hache, le frappe d'estoc au dessus de la poitrine, avec le gros bout de son mât[1] et, levant son arme au dessus de son épaule gauche, il le frappe de taille[2] entre col et cou. Puis, avançant le pied droit, il lui donna sur les couillons un coup avec la pointe de son mât. Mais la hune se rompit et trois ou quatre barriques de vin, qui y restaient accrochées, se renversèrent. Loup Garou pensa que son ennemi lui avait incisé la vessie et que ce vin était son urine qui sortait. Non content de ce résultat, Pantagruel voulut redoubler d'efforts pour se dégager; mais Loup Garou leva sa massue, avança d'un pas et voulut l'asséner de toutes ses forces sur Pantagruel. De fait, il frappa si vigoureusement que, si Dieu n'avait pas secouru le bon Pantagruel, il l'aurait fendu depuis le sommet de la tête jusqu'au fond de la rate. Cependant le coup dévia à droite, grâce à la brusque rapidité de Pantagruel, et la massue s'enfonça en terre de plus de soixante-treize pieds, à travers un gros rocher, dont elle fit sortir une flamme plus grosse que neuf mille six tonneaux.

Pantagruel voit son ennemi s'attarder à tirer sa massue, coincée en terre au milieu du rocher; il lui court dessus et

---

[1] Face à la massue de Loup Garou, Pantagruel est armé du mât de son bateau. Il l'a arraché ainsi qu'une partie du pont du navire, la hune, qui joue le rôle de la garde d'une épée.
[2] Frapper d'estoc, c'est donner un coup de pointe de l'épée; frapper de taille, c'est utiliser le tranchant.

veut lui abattre la tête tout net. Mais son mât, par malheur, toucha un peu le bois de la massue de Loup Garou, qui était enchantée (comme nous l'avons déjà dit) ; de ce fait, son mât se rompit à trois doigts de la poignée, ce qui le laissa plus effaré qu'un fondeur de cloches[1]. Il s'écria :

– Ah, Panurge, où es-tu ?

Panurge l'entendit et dit au roi et aux géants :

– Par Dieu, ils vont se faire mal si on ne les sépare pas.

Mais les géants étaient bien aises, comme s'ils étaient à la noce.

Carpalim voulut alors se lever pour secourir son maître ; mais un géant lui dit :

– Par Goinfre, petit-fils de Mahomet, si tu bouges d'ici, je te mettrai au fond de mes chausses, comme un suppositoire ! Car je suis constipé et je ne peux guère caguer, sauf à force de grincer des dents.

Mais Pantagruel, ainsi privé de son arme, reprit le tronçon de son mât. Il frappait à l'aveuglette sur le géant mais il ne lui faisait pas plus de mal que vous n'en feriez en donnant une chiquenaude sur une enclume de forgeron. Cependant Loup Garou retirait sa massue de la terre. Il l'avait déjà tirée et s'apprêtait à frapper Pantagruel ; toutefois ce dernier était rapide à esquiver et évitait tous les coups jusqu'au moment où – voyant que Loup Garou le menaçait en disant : « Misérable, à cette heure, je vais te hacher comme chair à pâté ; jamais plus tu n'assoifferas les

---

1▸ Pour fabriquer des cloches, il faut fondre le métal dans un moule. C'est une opération assez délicate. Le fondeur reste effaré si, après avoir brisé le moule, il trouve la cloche fêlée.

pauvres gens ! » – il lui donna un si grand coup de pied dans le ventre qu'il le jeta en arrière, les jambes en l'air, et il vous le traînait ainsi à l'écorche-cul, sur plus d'une portée d'arc.

Et Loup Garou s'écriait, rendant le sang par la gorge : « Mahomet, Mahomet, Mahomet ! » À ce cri, tous les géants se levèrent pour le secourir. Mais Panurge leur dit :

– Messieurs, n'y allez pas, si vous m'en croyez. Car notre maître est fou ; il frappe à tort et à travers, sans regarder. Il va vous donner un mauvais coup.

Mais les géants n'en tinrent pas compte, voyant que Pantagruel était sans bâton. Lorsqu'il les vit approcher, Pantagruel prit Loup Garou par les deux pieds, le leva comme une pique et se servit de son corps armé d'enclumes pour frapper les géants sur leurs armures en pierre de taille. Il les abattait, comme un tailleur de pierres abat les éclats de pierre. Nul ne l'approchait sans être jeté à terre. Et, la rupture de ces armures en pierre produisait un tumulte si horrible qu'il me rappela le jour où la grosse tour de beurre de Saint-Étienne de Bourges fondit au soleil. Cependant Panurge, Carpalim et Eusthènes égorgeaient ceux qui étaient à terre.

Dites-vous bien qu'il n'en réchappa pas un seul. Pantagruel ressemblait à un faucheur qui, de sa faux (c'était Loup Garou), abattait l'herbe d'un pré (c'étaient les géants) ; mais à cette escrime, Loup Garou perdit la tête. Ce fut quand Pantagruel en abattit un, qui avait nom Riflandouille, équipé d'une lourde armure en grès, dont un éclat coupa la gorge de part en part à Épistémon. En effet les autres

La parodie des chansons de geste

Une chanson de geste était, au Moyen Âge, un ensemble de poèmes qui racontait les exploits guerriers («la geste») d'un héros plus ou moins légendaire. Une des plus anciennes et des plus célèbres est la geste de Charlemagne, cet empereur qui commença la reconquête de l'Espagne, alors aux mains des Arabes musulmans et un épisode en particulier : *La Chanson de Roland*, écrite à la fin du Xe siècle. Le ton des chansons de geste est épique, ce qui signifie que les exploits sont tout à fait exagérés, de façon à devenir grandioses. Ainsi, quand le héros frappe son ennemi, il le coupe en deux, ainsi que son cheval. Quand il est vaincu, c'est après avoir tué des milliers d'ennemis, comme Roland, le neveu de Charlemagne. Ce que l'on appelle «le merveilleux chrétien» intervient souvent ; et particulièrement dans les œuvres où il est question d'une lutte contre les musulmans : Dieu fait des miracles pour ses chevaliers, les encourage ou envoie ses anges les chercher à leur mort. On retrouve ce ton et ces éléments dans les trois chapitres précédents de *Pantagruel*, ainsi que quelques chapitres des guerres picrocholines dans *Gargantua*. Les deux géants et leurs acolytes accomplissent des exploits guerriers hors du commun ; Dieu parle à Pantagruel ; les géants se réclament de Mahomet... Mais il s'agit d'une parodie, car les prouesses sont parfois ridiculisées : anéantir une armée par son urine, ou se servir d'un ennemi comme masse d'arme, ce n'est pas très noble. Même si certaines idées fortes de Rabelais apparaissent, comme le refus de toute guerre qui ne serait pas de légitime défense, y compris les guerres menées pour propager la religion, il s'agit aussi d'amuser le lecteur.

avaient des armures plus légères, en tuf[1] pour la plupart ou en ardoise.

Finalement, voyant que tous étaient morts, de toutes ses forces, il jeta dans la ville le corps de Loup Garou, qui tomba comme une grenouille sur le ventre, sur la grand-place et, en tombant, du coup, il tua un chat brûlé, une chatte mouillée, une outarde et un oison bridé[2].

Chapitre 30

Comment Épistémon, qui avait la coupe têtée[3], fut guéri habilement par Panurge, et des nouvelles des diables et des damnés

Après sa victoire, Pantagruel cherche Épistémon. On le trouve mort, tenant sa tête dans ses bras. Tous s'affligent mais Panurge dit :

[...] – Mes enfants, ne pleurez pas. Il est encore tout chaud ; je vous le guérirai et vous le rendrai aussi sain qu'il fut jamais.

Ce disant, il prit la tête, la mit au chaud sur sa braguette,

---

1→ Le tuf ou tuffeau est une pierre calcaire tendre.
2→ Voir note 4, p. 15.
3→ Contrepèterie pour « la tête coupée ».

afin de ne pas l'exposer au vent. Eusthènes et Carpalim portèrent le corps à l'endroit où ils avaient banqueté, non dans l'espoir de le guérir mais pour que Pantagruel le vît. Toutefois Panurge les réconfortait, en disant :

– Si je ne le guéris pas, je veux bien perdre la tête (c'est ainsi que parient les fous) ; laissez ces pleurs et aidez-moi.

Donc il nettoya très bien le cou puis la tête avec du beau vin blanc et y saupoudra de la poudre de diamerdis[1], qu'il portait toujours dans une de ses poches ; ensuite il les frotta de je ne sais quel onguent et les ajusta exactement, veine contre veine, vertèbre contre vertèbre, afin qu'il n'eût pas le cou de travers (car il haïssait à mort les gens de cette sorte[2]). Après quoi, il lui fit tout autour quinze à seize points avec une aiguille, afin que la tête ne retombât pas aussitôt, puis mit autour un peu d'un onguent qu'il appelait ressuscitatif.

Soudain Épistémon commença à respirer, puis à ouvrir les yeux, puis à bâiller, puis à éternuer, puis il fit un gros pet de ménage. Et Panurge dit :

– Maintenant, il est guéri, assurément.

Et il lui donna à boire un verre d'un bien mauvais vin blanc avec une rôtie sucrée[3]. De cette façon, Épistémon fut guéri habilement, sauf qu'il fut enroué plus de trois

---

1➤ Mot burlesque formé avec le préfixe « dia » sur le modèle des termes de pharmacie.

2➤ On nommait « torticolis » ou « col tors » les faux dévots hypocrites, parce qu'ils tordaient le cou et penchaient la tête en faisant semblant de prier.

3➤ La rôtie était un morceau de pain qu'on trempait dans le vin. Quant au sucre, il était très rare à l'époque et était utilisé uniquement comme remède.

semaines et eut une toux sèche, dont il ne put jamais guérir, sinon à force de boire.

Épistémon raconte ce qu'il a vu en Enfer, pendant sa « mort ». Les diables sont, selon lui, « de bons compagnons » et les grands de ce monde sont traités selon la parole du Christ : « Les premiers seront les derniers. » Les rois, les seigneurs, les empereurs et les papes sont devenus colporteurs ou pauvres artisans. À son habitude, Rabelais en fait une longue énumération et emprunte ses exemples à la mythologie, aux romans de chevalerie, à l'histoire antique et moderne. Ainsi :

Hannibal était marchand de volailles,
Priam vendait de vieux chiffons,
Lancelot du Lac était écorcheur de chevaux morts, tous les chevaliers de la Table ronde étaient de pauvres gagnepetit, tirant la rame pour passer les rivières du Cocyte, du Phlégéton, du Styx, de l'Achéron et du Léthé, quand Messires les diables voulaient se divertir en se promenant sur l'eau…
Le pape Jules était crieur de petits pâtés…
Boniface, pape huitième, était écumeur de marmites…
Le pape Alexandre était preneur de rats,
Le pape Sixte passait de la pommade aux vérolés…

En revanche, les pauvres, qu'ils aient été philosophes comme Diogène et Épictète ou poètes comme François Villon, sont très bien traités. Quant aux usuriers, ils sont devenus de pauvres ramasseurs d'épingles rouillées et de vieux clous.

Chapitre 31

Comment Pantagruel entra dans la ville des Amaurotes, et comment Panurge maria le roi Anarche et le fit crieur de sauce au verjus

Pantagruel est acclamé par les Amaurotes et, devant leur nombre considérable, leur propose de les emmener coloniser la Dipsodie. Panurge, se souvenant du récit d'Épistémon, décide de donner un métier au roi Anarche ; il le fait vendeur à la criée : il vendra de la sauce au verjus. Puis il lui donne comme épouse une vieille femme.

Chapitre 32

**Comment
Pantagruel
couvrit de sa langue
toute une armée,
et ce que l'auteur
vit dans sa bouche**

Tandis que Pantagruel entrait dans les terres des Dipsodes avec toute son armée, tous se réjouissaient ; ils se rendirent aussitôt à lui et, de leur plein gré, lui apportèrent les clés de toutes les villes, excepté les Almyrodes[1], qui voulurent lui résister et répondirent à ses hérauts qu'ils ne se rendraient que contre de bonnes garanties.

– Quoi, dit Pantagruel, en demandent-ils de meilleures que la main au pot et le verre au poing ? Allons, qu'on les mette à sac !

Donc, tous se mirent en ordre, bien décidés à donner l'assaut. Mais en chemin, en passant sur une grande plaine, ils furent surpris par une grosse averse. Sur quoi, ils commencèrent à se trémousser et à se serrer les uns contre les autres. Ce que voyant, Pantagruel leur fit dire par les capitaines que ce n'était rien et qu'il voyait bien, au-dessus des nuées, que ce ne serait qu'une petite ondée mais qu'à toutes fins utiles, ils se mettent en ordre car il voulait les couvrir. Ils se mirent alors en bon ordre, bien serrés, et Pantagruel tira la langue à moitié seulement et les en couvrit, comme une poule ses poussins.

[1] Ce nom signifie « les Salés ».

Cependant, moi, qui vous fais ces contes si véridiques, je m'étais caché sous une feuille de bardane[1], qui n'était pas moins large que l'arche du pont de Montrible[2]. Mais, quand je les vis aussi bien couverts, je m'en allai vers eux pour m'abriter ; or je ne le pus, tant ils étaient nombreux. Comme on dit : « Au bout de l'aune, manque le drap[3]. » Donc je montai dessus du mieux que je pus et je cheminai bien deux lieues[4] sur sa langue, si bien que j'entrai dans sa bouche.

Mais, ô dieux et déesses, que vis-je là ? Que Jupiter m'abatte de sa triple foudre, si je mens. J'y cheminais comme on fait à Sainte-Sophie[5] à Constantinople et j'y vis des rochers grands comme les monts des Danois[6] (je crois que c'étaient ses dents) et de grands prés, de grandes forêts, de puissantes et grosses villes, non moins grandes que Lyon ou Poitiers.

La première personne que j'y rencontrai, ce fut un bonhomme qui plantait ses choux. Tout ébahi, je lui demandai :

– Mon ami, que fais-tu ici ?

– Je plante mes choux, dit-il.

– Et pourquoi ? Et comment ?

1→ Plante médicinale à feuille large.

2→ Rabelais déforme, pour évoquer un mont terrible, le nom d'un pont imaginaire, qui joue un rôle dans l'un de ses romans.

3→ « Quand le marchand a mesuré une aune (mesure de longueur d'1,20 m environ), il coupe le drap. » Ce proverbe équivaut à notre proverbe moderne : « Même les meilleures choses ont une fin. »

4→ Environ 8 km.

5→ La basilique Sainte-Sophie, devenue mosquée, était réputée pour sa taille et sa majesté.

6→ La première syllabe du mot se prononçait comme « dent ». (Par ailleurs, il n'y a pas de montagne au Danemark.)

– Ah, Monsieur, dit-il, tout le monde ne peut pas avoir les couillons aussi pesants qu'un mortier[1] et nous ne pouvons pas être tous riches. C'est ainsi que je gagne ma vie : je vais les vendre au marché dans la cité qui est là derrière.

– Jésus, dis-je, il y a ici un nouveau monde ?

– Certes, dit-il, il n'est pas nouveau ; mais on dit bien que, hors d'ici, il y a une terre neuve ou ils ont le soleil et la lune et tout plein de belles choses ; mais celui-ci est plus ancien[2].

– Oui, mais, dis-je, mon ami, comment se nomme cette ville où tu vas vendre tes choux ?

– Elle se nomme Aspharage[3]. Les habitants sont chrétiens, gens de bien, et vous feront bon accueil.

Bref, je décidai d'y aller. Or, en chemin, je rencontrai un compagnon qui tendait des pièges aux pigeons. Je lui demandai :

– Mon ami, d'où vous viennent ces pigeons ?

– Sire, dit-il, ils viennent de l'autre monde.

Alors je pensai que, quand Pantagruel bâillait, les pigeons entraient à toute volée dans sa gorge, la prenant pour un colombier.

Puis j'entrai dans la ville, que je trouvai belle, puissante et d'un bel aspect ; mais à l'entrée, les portiers me demandèrent mon bulletin de santé[4], ce dont je fus fort ébahi. Et je leur demandai :

---

[1] On dirait en français moderne : « avoir un poil dans la main ».

[2] C'est ce que pensaient les Européens à cette époque où l'Amérique – le Nouveau Monde – venait d'être découverte.

[3] En grec, ce mot signifie « arrière-gorge ». On pourrait traduire par « ville du gosier ».

[4] Ce bulletin était un certificat de santé qui servait de laissez-passer en cas d'épidémie.

– Messieurs, y a-t-il ici danger de peste?

– Ô seigneur, dirent-ils, près d'ici, on meurt tellement que le corbillard court parmi les rues.

– Mon Dieu! Et où?

Ils me répondirent que c'était dans Laryngues et Pharyngues[1], deux villes comme Rouen et Nantes, riches et très commerçantes. La cause de la peste avait été une puante et infecte exhalaison, sortie des abîmes depuis peu; elle avait fait plus de deux millions deux cent soixante mille seize morts depuis huit jours. J'y réfléchis, je calculai et je découvris que c'était une puante haleine qui était venue de l'estomac de Pantagruel, alors qu'il avait mangé tant de ragoût à l'ail…

De là, je passai entre les rochers, qui étaient ses dents, et je fis tant et si bien que je montai sur l'une d'entre elles; et là, je trouvai les plus beaux endroits du monde, de beaux grands jeux de paume, de belles galeries, de belles prairies, force vignes et une infinité de villas à la mode italienne, dans des champs pleins de délices. Je demeurai bien là quatre mois et ne fis jamais meilleure chère qu'alors.

Puis je redescendis par les dents de derrière pour aller aux lèvres mais, en passant, je fus détroussé par des brigands, dans une grande forêt qui se trouve vers les oreilles. Ensuite, dans la descente, je découvris une petite bourgade dont j'ai oublié le nom, où je fis encore meilleure chère que jamais et où je gagnai un peu d'argent pour vivre. Savez-vous comment? À dormir! Car on loue les gens à la jour-

---

1→ Noms formés sur « larynx » et « pharynx ».

née pour dormir et ils gagnent cinq à six sous par jour ; mais ceux qui ronflent très fort gagnent bien sept sous et demi. Je racontai aux sénateurs comment on m'avait détroussé dans la vallée ; ils me dirent qu'en vérité, les gens qui vivaient au-delà étaient méchants et brigands par nature. À cela, je compris que, de même que nous avons les contrées au-delà et en deçà des monts[1], ils en ont en deçà et au-delà des dents ; mais il fait bien meilleur en deçà, l'air y est meilleur.

Je commençai alors à penser que ce que l'on dit est bien vrai : la moitié du monde ignore comment vit l'autre, vu que personne n'a encore écrit sur ce pays-là, où se trouvent plus de vingt-cinq royaumes habités, sans compter les déserts et un gros bras de mer. Mais j'ai composé sur ce sujet un grand livre intitulé l'*Histoire des Gorgias*[2]. J'ai nommé les habitants ainsi parce qu'ils demeurent dans la gorge de mon maître Pantagruel.

Finalement, je voulus m'en retourner et, passant par sa barbe, je me jetai sur ses épaules et de là, je descendis jusqu'à terre et tombai devant lui. Quand il m'aperçut, il me demanda :

– D'où viens-tu Alcofribas ?

Je lui répondis :

– De votre gorge, Monsieur.

[1] Un proverbe disait : « Vérité en deçà des Alpes (ou des Pyrénées), erreur au-delà. »
[2] Gorgias évoque bien sûr la gorge mais fait aussi penser au dialogue de Platon, intitulé *Gorgias*, du nom d'un personnage. Outre cette plaisanterie pour érudits, le mot faisait rire car, au XVIᵉ siècle, un gorgias était un homme élégant, raffiné.

« Cet autre monde... »

Certes la visite du narrateur dans la gorge de Pantagruel appartient à un comique traditionnel. On en trouve des exemples dans l'Antiquité (Lucien, *Histoire Véritable*, I, 33 : le narrateur rencontre à l'intérieur d'une baleine des jardiniers cultivant des légumes). C'est aussi une parodie du voyage de Jonas dans le ventre de la baleine (Bible, livre de Jonas). C'est aussi pour provoquer le rire que la taille de Pantagruel et de Gargantua est sujette à de nombreuses variations, alors qu'on oublie le gigantisme, quand il s'agit d'épisodes plus sérieux.

Mais, dans ce chapitre, le géant prend véritablement des dimensions cosmiques. On peut alors trouver dans cet épisode une métaphore de la place que les humanistes accordent à l'homme. Revenons à l'éducation de Pantagruel (chapitre 8) ou à l'éducation humaniste de Gargantua : sans oublier Dieu, la culture prend une nouvelle voie, tournée vers tout ce qui permet une meilleure connaissance de l'homme (littérature, philosophies antiques, médecine, histoire...) et de son environnement (géographie, astronomie, droit, sciences...). L'homme devient « un autre monde », comparable au premier et, lui aussi, objet d'étude. Les humanistes s'y intéressent, à l'instar de Maître Alcofribas Nasier (rappelons qu'il s'agit de l'anagramme de Rabelais), qui va écrire un livre sur un sujet encore ignoré : le monde intérieur de Pantagruel.

Que Pantagruel soit un géant renforce encore le symbole : s'il est éduqué suivant les préceptes humanistes, l'homme, intéressant en soi, devient lui-même un géant de la connaissance, par rapport aux érudits scolastiques. Une autre allusion est éclairante dans la notion de Nouveau Monde : l'Amérique venait d'être découverte. Copernic avait démontré que la Terre n'était pas le centre de l'Univers. Ces deux découvertes changeaient considérablement la conception de l'Univers et introduisaient la notion de relativité.

– Et depuis quand y es-tu?

– Depuis que vous avez marché contre les Almyrodes.

– Il y a, dit-il, plus de six mois. Et de quoi vivais-tu? Que buvais-tu?

Je réponds:

– Seigneur, la même chose que vous et sur les plus friands morceaux qui passaient par votre gorge, je prélevais des droits de douane.

– Oui, dit-il, mais où chiais-tu?

– Dans votre gorge, Monsieur.

– Ha, ha! Tu es un gentil compagnon, dit-il. Avec l'aide de Dieu, nous avons conquis tout le pays des Dipsodes; je te donne la seigneurie de Salmigondis.

– Grand merci Monsieur, répondis-je; vous me faites plus de bien que je n'en ai mérité.

Chapitre 33

Comment Pantagruel fut malade, et la façon dont il guérit

Pour guérir Pantagruel de ses maux d'estomac, les médecins font fabriquer de grosses boules de cuivre, capables de contenir un homme et ses outils. Des paysans y prennent place et sont descendus par l'œsophage de Pantagruel. Ils sont chargés de curer l'estomac du géant, comme on cure un fossé. Ils remplissent des corbeilles des ordures qu'ils récupèrent, rentrent le tout dans leurs boules et Pantagruel les « vomit ».

Chapitre 34

La conclusion du présent livre, et les excuses de l'auteur

Le narrateur déclare qu'il a mal à la tête et doit s'interrompre. Il annonce une suite pour les prochaines foires de Francfort[1]. Il demande à ses lecteurs de l'excuser pour ses fautes.

[...] Si vous me dites : « Maître, il semblerait que vous n'ayez pas été très sage de nous écrire ces balivernes et ces plaisantes moqueries », je vous réponds que vous ne l'êtes guère plus de vous amuser à les lire.

Toutefois, si vous les lisez comme un joyeux passe-temps, de même que, pour passer le temps, je les écrivais, vous et moi sommes plus dignes de pardon qu'un grand tas de faux moines, cagots, escargots, hypocrites, cafards[2], paillards, débauchés et autres sectes de gens qui vont déguisés et masqués pour tromper le monde. [...]

1→ Tous les imprimeurs y présentaient leurs nouveautés.
2→ Tous ces mots sont synonymes d'« hypocrites ».

Fuyez-les, abhorrez-les et haïssez-les autant que je le fais et, ma foi, vous vous en trouverez bien. Et si vous désirez être de bons Pantagruélistes (c'est-à-dire vivre en paix, joie, santé, en faisant toujours bonne chère), ne vous fiez jamais à des gens qui regardent par un trou de serrure[1].

**Fin des chroniques de Pantagruel, roi des Dipsodes,
rapportées en toute vérité
avec ses actes et prouesses épouvantables,
composées par feu Maître Alcofrybas,
abstracteur de quintessence.**

FIN

1→ Ici, allusion aux moines qui observent par l'ouverture de leur capuchon mais aussi à tous ceux qui espionnent.

BIOGRAPHIE DE RABELAIS : LA VIE D'UN HUMANISTE

Cette biographie cherche à faire percevoir la soif de savoir de Rabelais et ses connaissances encyclopédiques, ainsi que le bouillonnement des idées au début du XVIe siècle. Mais apparaissent également le poids de l'Église catholique, la censure et la répression qui s'abattaient sur ceux qui déviaient de sa ligne. L'intolérance, qui n'était pas le fait des seuls catholiques, mènera aux guerres de Religion qui, dans la seconde moitié du siècle, sonneront le glas de la Renaissance et de sa recherche enthousiaste du savoir.

1483 (ou peut-être 1494) : Naissance de François Rabelais, fils d'un avocat de Chinon.

1494 : Le roi de France, Charles VIII, envahit l'Italie ; ce sera le début de soixante-cinq ans de guerre : les guerres d'Italie.

1508 : Publication d'une traduction de la Bible en français par Lefèvre d'Étaples. Les humanistes Érasme et Guillaume Budé font connaître leurs idées ; Michel-Ange commence la décoration de la chapelle Sixtine à la basilique Saint-Pierre de Rome.

1510 : Rabelais entre comme novice dans un couvent près d'Angers. Il y fait ses études. Il apprend, bien sûr, le latin, puisque toutes les études se font dans cette langue, et le droit religieux qu'on nomme « droit canon ». Il y rencontre les frères Du Bellay, qui y font leurs études, et se lie d'amitié avec eux. Ils appartiennent à une famille noble et puissante ; ils deviendront les protecteurs de Rabelais.

1515 : François Iᵉʳ devient roi de France. Il est vainqueur en Italie à Marignan. Rabelais aura de l'admiration pour ce roi.

1517 : Martin Luther commence à présenter les idées qui l'amèneront à être excommunié de l'Église catholique.

1520 : Rabelais devient moine cordelier (on nommait ainsi les franciscains, en raison de leur habit noué par une simple corde) au couvent de Fontenay-le-Comte. Il correspond avec l'humaniste Guillaume Budé. Tous deux pensent qu'il est important de connaître le grec pour lire les ouvrages philosophiques de l'Antiquité et la Bible. Ils l'apprennent donc seuls sans professeur, car très peu d'intellectuels connaissent cette langue ancienne.

1523 : Les franciscains, disciples de saint François d'Assise sont des moines mendiants, dévoués aux pauvres. Ils veulent vivre eux-mêmes dans la pauvreté, matérielle et spirituelle et n'encouragent pas les études. Les livres de grec de Rabelais lui sont confisqués. D'ailleurs, la même année, la Sorbonne tente de faire interdire l'étude du grec.

1524 : Rabelais demande et obtient (ce qui est très rare) une autorisation du pape pour changer d'ordre religieux. Il devient moine bénédictin. Les bénédictins partagent leur temps entre la prière, l'étude et le travail manuel. Rabelais peut donc continuer ses études.

1525 : François Iᵉʳ est battu à Pavie ; la France perd les guerres d'Italie et le roi est fait prisonnier par l'empereur

Charles Quint et emmené en captivité à Madrid. Rabelais fera une satire de cet empereur, en le peignant sous les traits de Picrochole, dans *Gargantua*.

1528 : Rabelais quitte son couvent, devient prêtre séculier. Il commence ses études de médecine et deviendra «bachelier en médecine» à la faculté de Montpellier en 1530.

1531 : Il donne des cours à la faculté de Montpellier sur Hippocrate et Galien, deux médecins grecs de l'Antiquité, dont il a traduit les ouvrages.

1532 : Il est médecin à l'hôtel-Dieu de Lyon. Il devient l'ami du libraire et éditeur humaniste Étienne Dolet. Il publie *Pantagruel* sous le pseudonyme d'Alcofribas Nasier et fait également éditer sa traduction d'Hippocrate et de Galien.

1533 : La Sorbonne condamne *Pantagruel* comme livre obscène. Rabelais publie le premier de deux almanachs, qui présentent très sérieusement l'influence des astres pour l'année à venir. Il avait donc une connaissance approfondie des planètes. Mais il publie également *La Pantagruéline Pronostication*, livre burlesque qui condamne les abus de l'astrologie divinatrice.

Cette même année, Calvin adhère à la Réforme.

1534 : Rabelais devient secrétaire du cardinal Jean du Bellay, son ancien condisciple. Le cardinal partage ses conceptions religieuses évangéliques et le protège. Rabelais l'accompagne à Rome, où il étudie la topographie de cette ville si chère aux humanistes et la botanique. Ce sera le premier d'une série de séjours en Italie avec le cardinal puis avec son frère.

Il publie *Gargantua* en mai. En octobre, c'est l'affaire des Placards : des affiches, contenant des écrits injurieux contre la messe et l'Église catholique, sont placardées dans les rues et jusque sur la porte de la chambre de François Ier. C'est la fin de la tolérance envers les protestants (qu'on nomme aussi « réformés » ou « huguenots »). Calvin doit s'exiler à Genève. D'autres, comme le poète Clément Marot, s'exilent en Italie.

1536 : Lors d'un de ses séjours à Rome, le pape l'absout du crime d'apostasie (avoir quitté le cloître, changé de profession). Il peut exercer la médecine et rester prêtre ; il devient chanoine de Saint-Maur, ce qui lui procure un bénéfice.

Il est père d'un enfant naturel, qui mourra à deux ans. Rabelais aura deux autres enfants.

1537 : Il est reçu docteur en médecine et enseigne à Montpellier et à Lyon.

1543 : Traité de Copernic sur le système solaire : la « révolution copernicienne ».

Gargantua et *Pantagruel* sont censurés par le Parlement.

1546 : Rabelais publie *Le Tiers Livre*, suite des aventures de Pantagruel, qui est immédiatement censuré par la Sorbonne, comme un livre « farci d'hérésie ». Il s'enfuit à Metz, hors de France à l'époque, et y pratique la médecine. Il devient médecin de Jean du Bellay qui partage lui aussi ses convictions religieuses. Il le suit à Rome. Supplice d'Étienne Dolet qui meurt sur le bûcher pour impiété.

1547 : Mort de François Ier. Avènement de son fils Henri II. Calvin, à la tête de l'Église réformée de Genève, jadis son ami, l'accuse d'impiété.

1551 : Rabelais est nommé curé de Meudon et d'une paroisse près du Mans. Un curé n'était pas obligé de se rendre dans sa paroisse. Il avait des vicaires pour s'en occuper à sa place. Lui, se contentait de toucher les bénéfices de ses cures.

1552 : Il publie *Le Quart Livre*, lui aussi immédiatement censuré par la Sorbonne.

1553 : Rabelais meurt à Paris.

1564 : Publication posthume du *Cinquième Livre*.

POUR EN LIRE DAVANTAGE

Œuvres de Rabelais

Œuvres complètes, édition bilingue établie, annotée et préfacée par Guy Demerson, Le Seuil (Révision de l'édition de la coll. « L'intégrale »).

Pantagruel, préface de Michelet, coll. « Folio classique », Gallimard.

Gargantua, préface de Michel Butor, coll. « Folio classique », Gallimard.

Tiers Livre, coll. « Folio classique », Gallimard.

Quart Livre, coll. « Folio classique », Gallimard.

Sur le XVIᵉ siècle

Introduction à la vie littéraire du XVIᵉ siècle, Daniel Ménager, Bordas.

Sur Rabelais

Guy Demerson, *Rabelais*, Fayard.

Madeleine Lazard, *Rabelais, l'humaniste*, Hachette.

Daniel Ménager, *Rabelais*, Bordas.

Jean-Yves Pouilloux, *Rabelais*, coll. « Découvertes », Gallimard.

Michel Ragon, *Le Roman de Rabelais*, Albin Michel.

Michael Screech, *Rabelais*, coll. « Bibliothèque des idées », Gallimard.

Sur *Gargantua* et *Pantagruel*

Gargantua et Pantagruel, Daniel Ménager, « Profil d'une œuvre », Hatier.

NOTE DE LA TRADUCTRICE

Lire Rabelais dans le texte est maintenant une affaire de spécialistes : la construction grammaticale des phrases est encore très fortement imprégnée de latin, le vocabulaire nous échappe souvent et le contexte culturel est très différent du nôtre. Pour que ces romans, très riches et drôles, soient abordables par des jeunes, il était nécessaire de les adapter, et même de les traduire en français moderne.

Les difficultés ont été multiples : comment simplifier la langue sans trahir l'esprit ? Comment faire percevoir les préoccupations et les interdits de l'époque, qui nous sont parfois si étrangers ? Comment rendre justice à un auteur qui associe indissolublement le rire et le sérieux ? D'ailleurs pouvons-nous rire des mêmes sujets que nos ancêtres ?

Mon parti pris de traduction a été de rester au plus près du texte, sans en sacrifier la clarté. Les notes peuvent paraître assez nombreuses mais elles tentent d'éclairer ce qui est trop lointain pour nous. Préface, encadrés et biographie visent à resituer l'œuvre dans le climat de la Renaissance.

La structure des deux romans reste visible ; tous les chapitres apparaissent mais certains ont été résumés car ils évoquent des réalités trop lointaines : ainsi les jeux auxquels se livrent Gargantua ou le catalogue de la bibliothèque Saint-Victor. D'autres peuvent paraître peu compréhensibles ou trop savants. J'ai choisi de ne conserver que ceux qui développent des préoccupations humanistes qui nous parlent encore. Mais l'auteur n'a jamais voulu faire de ses romans d'ennuyeuses leçons ; il voulait faire rire car le rire est une thérapie ; j'ai donc conservé les péripéties comiques du récit.

Certaines formes de l'humour rabelaisien peuvent toutefois dérouter le lecteur du XXIe siècle. L'adjectif « rabelaisien » n'a-t-il pas pris aujourd'hui le sens « d'une gaîté libre, haute en couleur, parfois cynique et grossière » ? On ne pouvait censurer (Rabelais a trop souffert de la censure !) l'humour farcesque et scatologique, qui revient fréquemment dans ses pages. Les tabous étaient différents à son époque et cela aurait dénaturé le texte, cela l'aurait privé de sa verve et de sa vitalité.

TABLE DES MATIÈRES

TABLE DES ILLUSTRATIONS ET CRÉDITS PHOTOGRAPHIQUES

Couverture :
1er plat : Illustration de Ronan Badel.
Pieter Bruegel l'Ancien, *Le Repas de noces*, détail. © ph. Erich Lessing/AKG.
4e plat : Gustave Doré (1832-1883), gravure pour *Gargantua*, 1873. © ph.
The Granger Collection/Rue des Archives.
Charlie Chaplin dans une scène du film *Le Dictateur*, 1940. © ph. AKG.

Supplément illustré :
1 Gustave Doré (1832-1883), gravure pour *Gargantua*, 1873. © ph. The Granger
Collection/Rue des Archives 2-3 Pieter Bruegel l'Ancien (1525-30 - 1569), *Le Repas
de noces*, peinture sur bois, vers 1568. Vienne, Kunsthistorishes Museum. © ph.
Erich Lessing/AKG 4bas Charles Lenormant (1802-1859), illustration extraite de
Rabelais et l'architecture de la Renaissance, reconstitution de l'abbaye de Thélème.
Paris, Bibliothèque nationale de France © ph. Bridgeman-Giraudon. 5haut Léonard
de Vinci (1452-1519), schéma de proportions du corps humain d'après Vitruve,
plume et encre légèrement aquarellée sur papier blanc, vers 1490. Venise, Galleria
dell'Accademia © ph. Cameraphoto/AKG. 5bas Charlie Chaplin dans une scène
du film *Le Dictateur*, 1940. © ph. AKG 6 « [...] à chascun de ses repas, il humoit
le lait de quatre mille six cens vaches », Gustave Doré, gravure, 1854. © ph. AKG
7 « Pantagruel mangeant un pèlerin qui tente de s'échapper de sa bouche
géante », Gustave Doré, gravure pour les œuvres complètes de Rabelais, édition de
1870. © ph. collection Kharbine-Tapabor. 8 Chantal Adam, *Badebec, ma mignonne,
m'amie*, terre cuite patinée, 2008. © ph. Chantal Adam.

Avec la participation de Pierre Jaskarzec pour
les annexes et le cahier illustré

Direction artistique
Élisabeth Cohat

Maquette
Maryline Gatepaille

Iconographie
Laure Bacchetta

Loi n° 49-956 du 16 juillet 1949
sur les publications destinées à la jeunesse
ISBN 978-2-07-061497-4
Numéro d'édition : 152488
Numéro d'impression : 91522
Dépôt légal : septembre 2008
Imprimé en France sur les presses de la Société Nouvelle Firmin-Didot